선사들의 공부법

# 공부하지 마라

조계종
출판사

제멋대로 해석하고 야단이다.

팔은 밖으로 굽지 않는다.

胡亂指注

臂不外曲

《선가귀감(禪家龜鑑)》

## 머리말

약산藥山과 석두石頭의 대화.

"그대는 거기서 무얼 하는가."
"아무것도 하지 않습니다."
"그렇다면 한가로이 앉아 있는 것이로구나."
"한가로이 앉아 있다면, 하는 일이 있는 겁니다."

2008년 조계종출판사가 발행하는 월간 〈법회와 설법〉에 7개월 간 연재한 '선사들의 공부법'과 2007년 〈불교신문〉에 한 해 동안 실었던 작은 칼럼 '활인검'을 놓쳤다. 선禪, 특히 조사선에서 바라본 공부법에 관한 책이다. 조사祖師란 깨달은 사람을 말한다. '달마도'의 주인공 보리달마와 그의 영특한 제자들이 일군 조사선은 중국의 중세를 풍미한 뒤 오늘날 새삼 주목받고 있다. 현대인들에게 복잡하고 불안한 삶을 견딜 정신적 밑천을 제공하는 덕분이다.

세상이 생각하는 공부의 목적 가운데 하나는 자아의 확장이다. 여러 가지 지식과 기술을 주워 모아 자신의 가치를 높이고 기름지게 하기 위한 일이다. 그들의 공부는 대부분 남을 이기고 세상을 지배하는 데 활용된다. 반면 조사들은 남들처럼 진리를 소유해 길들이려 하지 않았다. 진실을 알기 위해 읽거나 외우지 않았다. 문자와 개념에 훼손되지 않은 날것에 주목했다.

고기는 고기 이전에 생명이었으며 거지는 거지 이전에 사람임을 잊지 않았다. 오직 바로 볼 뿐 덧대거나 감추지 않았다. 진리는 말이 아닌 삶을 통해 드러난다. 삶이 불행한 이유는 행복이 있다고 믿기 때문이다. 진짜를 알려면 '진짜'로부터 해방돼야 한다.

그리고 무심無心. 생각을 부쉈고 생각을 않겠다는 생각마저 부쉈다. 번뇌가 일든 말든 그냥 놔두었다. 번뇌가 제풀에 지쳐 쓰러질 때까지.

기존의 글을 전재한 건 아니고 군데군데 깎고 다졌다. 공부에 대한 세간의 통념을 앞세웠고, 이를 '꾸짖는' 반론을 불교의 핵심 교리인 중도(中道)에 입각해 설명했다. 부처님이 말하고 싶어 했던 자유를 한층 구체화한 조사들의 이야기가 다음 내용이다. 조사선의 알짬을 즉불(卽佛·깨달음의 내용), 돈오(頓悟·깨달음의 방법), 무수(無修·깨달은 자의 일상), 직지(直指·깨달음을 가르치는 기술), 초불(超佛·깨달은 자가 지녀야 할 태도) 등 다섯 개의 열쇠 말로 정리했다. 활인검(活人劍)은 역대 큰스님들의 잠언에 감상과 해설을 붙인 쪽글이다.

　물론 무심으로 산다 해도 꽃은 피고 새는 운다. 나라는 시끄럽고 지구는 병든다. 늙음을 늦출 순 있어도 멈출 순 없다. 육체는 반드시 죽음과 몸을 섞는다. 뜻대로 되지 않는 인연의 바다에서 허우적대는 일이 목숨 받아 사는 것들의 운명이다. 어차피 인생은 한 번 뿐이고 어떤 선택을 하든 끝내는 의도와 다른 결말을 얻게 마련이다. 그날그날 최선을 다하고 누구보다 단순하게 사는 것 외에 묘안은 없다. 진정 자유로운 자는 '자유를' 생각하지 않는다. 그저 '자유롭게' 산다.

나이를 먹을수록 삶에 관한 이런저런 의문들이 차츰 희미해진다. 해답을 얻은 건 아니다. 그저 무뎌지는 것이어서 답답하다. 하긴 해답이 있을 만큼 삶이 만만한 녀석이었다면, 놈에게 잘 보이기 위해 이토록 애쓰지도 않았을 것이다.

불교의 길로 이끌어준 아내에게 감사한다.
나름의 방식들로 슬픔을 덜어주는 어머니와 가족들에게도.

2009년 10월

## 차례

머리말 · 004

### 1장. 공부, 무엇을 위한?

사방팔방이 공부 · 014
나는 공부한다 고로 승리한다 · 015
사람 구실하려면 뭐라도 배워야지 · 017
고슴도치의 지혜 · 019
나, 본분으로 돌아가리라 · 023
죽음에서 벗어나는 방법 · 026
생각에 대해 생각하지 마라 · 029
세상은 이불과 같다 · 032
나는 없다 · 034
있어서 없고 없어서 있는 것 · 037
삶은 ○이다 · 039
나는 봄바람이다 · 041
참새는 참새이기 때문에 부처다 · 043

### 2장. 걱정 마라, 네가 부처다

바른 법을 구하지 마라 · 048

마음 밖에선 아무 일도 일어나지 않는다 • 050
마음을 꺼내놓으라 • 054
무심이 진심이다 • 058
행복은 불행이 보낸 천사 • 060
약을 많이 먹으면 병이 나을까 • 063
깨달아서 뭐하려고? • 069
어둠도 빛이다 • 071
마음, 세상의 모든 것 • 074
지엄아아, 법 받아라아아아! • 077
기왓장 깨지는 소리에 인생을 알아버렸네 • 081
본능적인 존중 • 085
고함과 몽둥이 • 086
지금 당장 놓아라 • 092
견물생심은 숙명이지만 • 098
깨달아도 달라지는 건 없다 • 100
벽돌을 간다고 거울이 되겠느냐 • 103
깨닫지 못했다고 자책하는 마음이 바로 부처의 마음 • 105
도는 닦아서 되는 것이 아니다 • 107
일부러 수행하지 마라 • 111
아무 일도 하지 않는다 • 115
노동만 한 수행도 없다 • 117

보살은 라면에서도 만난다 · 122
나무는 노래하고 돌은 춤춘다 · 126
깨달음 안에 깨달음은 없다 · 129
주먹은 주먹이 아니다 · 132
본래 부처도 없는데 중생이라고 있겠는가 · 136
지금의 '나'는 '너' 때문이다 · 140
이것도 아니고, 저것도 아니고, 이것도 저것도 아니고,
이것 아닌 것도 저것 아닌 것도 아닌 것, 삶 · 142
모두가 허튼소리 · 144
부처님은 뒷간의 변기다 · 146
그날그날을 가지고 놀아라 · 148
나를 밟고 가야 내 아들이다 · 150
위대한 오줌, 신령한 먼지 · 153
무위진인 · 156
코뚜레를 용납하지 않는 소 · 162
황제여, 너는 멍청하다 · 165
괜찮다, 나아질 것이다 · 172

## 3장. 활인검

나의 선은 도둑질이다 · 178
밥을 먹고 해야 할 일 · 180

'은군자'가 '은근짜'로 변한 이유 · 182

웃기면서 죽는다는 것 · 184

'일부러' 가난하게 사는 일 · 186

고양이를 이해한다는 것 · 188

벼랑 끝에서 살아남는 방법은 떨어지는 것뿐이다 · 190

판을 깨다 · 192

맨몸으로 살다 · 194

사무치지 않으면 아무것도 안 된다 · 196

숫자놀음 · 198

고통에서 쉬다 · 201

'자아'라는 망상의 유익함 · 203

기꺼이 빼앗기고 기꺼이 짓밟히다 · 205

추울 때는 추위가 되고 더울 때는 더위가 돼라 · 207

버리지 않으면 채울 수 없다 · 209

등잔 밑이 어둡다는 것 · 211

'아침형 인간'이란 폭력 · 213

그냥 살다, 간다 · 215

죄수와 창녀라는 부처님 · 217

패배의 힘 · 219

늙는다는 건 살아 있다는 가장 확실한 증거 · 221

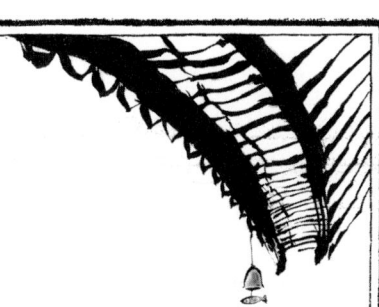

1장

공부, 무엇을 위한?

## 사방팔방이 공부

아직도 영어학원 다니세요?
10만 회원이 열광한 명품 기초강의 2개월 프로그램
2개월 수강료 : 49,000원

어느 영어학원 인터넷 광고

'공부工夫'는 지천으로 널렸다. 사람이 있는 곳에 공부가 있다. 사람 수만큼 많고 사람의 성격만큼 다양하다. 세 살배기가 길가에 핀 꽃의 이름을 부모에게 물어보는 일도 공부다. 팔순 노파가 평생교육원에 다니며 문맹의 고역을 기어이 털어버리는 일도 공부다. 남자가 좀 더 유익한 군복무를 위해 장교 시험을 준비하는 일도, 여자가 좀 더 안전한 출산을 위해 육아방송을 시청하는 일도 공부다. 말 많은 공교육도 탈 많은 사교육도 공부다. 유단자가 발차기의 고수를 찾을 때 좀도둑은 문 따기의 고수를 찾는다. 재테크에 노하우가 필요하듯 막힌 하수구를 뚫는 데에도 요령이 필요하다. 재벌의 아들이 유학을 떠날 때 비정규직의 아들은 휴학을 고민한다.

공부는 연령의 노소, 남녀의 성차, 지위의 귀천에 개의치 않는다. 인간은 태어나서 죽을 때까지 공부의 자장에서 벗어나지 못한다. 덧셈에서 미적분까지, 'ABC…'에서 셰익스피어까지, '가나다…'에서 사법고시까지, 이런저런 '끙끙이'에서 단 하나의 '깨달음'까지… 살아 있다면 겪어야 하는 것, 공부.

## 나는 공부한다 고로 승리한다

---

대학을 졸업하지 못했다면 연봉 4만 달러는 꿈도 꾸지 마라.
'빌 게이츠'가 했다고 네티즌 사이에서 회자되는 말

---

'학문이나 기술을 배우고 익힘.' 공부의 사전적 정의다. 북한에서는 '품팔이꾼'이란 뜻으로도 통용된단다. 오늘날 공부의 어의가 건설현장 노동자를 가리키던 단어에서 파생됐다는 가설을 따른다면, 개연적인 변이變異다. 물론 남한의 '공부'와 북한의 '공부'는 의미가 딴판이다. 하지만 뭉뚱그려 생각할 경우 공부의 포괄적 면목이 교묘하게 드러난

다. 일용할 양식을 구입할 돈을 구하기 위해 산판으로 나서는 잡부처럼, 공부도 어떤 목적을 가지고 수행하는 작업이란 이야기다. 공부가 그냥 좋아서 가지고 노는 부류도 있겠다. 그러나 이때마저 유희라는 목적이 있다. 흔히 생계유지나 자아실현을 공부의 이유로 거론한다. 열에 아홉은 신분상승과 자기 계발을 위해 지식과 기술을 긁어모은다.

특히 무한경쟁시대는 공부가 은인이다. 공부의 가치가 예전보다 훨씬 귀하게 되었으니까. 진화와 도태의 결과가 극단적으로 양분되는 사회에서, 공부는 취미가 아닌 생존의 문제다. 그저 자신의 자리를 건사할 속셈으로 본의 아니게 학문에 가담하는 사례가 부쩍 늘었다. '쩐[錢]'이 '쫑[證]'을 낳고 '쫑'이 '쩐'을 불리는 세태다. 공부를 한다는 사실 혹은 긍지, 공부로 얻은 지적 역량보다 공부를 했다는 서류상의 증거가 집중적으로 주목받는다. 자기의 몸과 꿈을 세상에 연착륙시키기 위해 자격증을 위조하고 학위를 산다. 이제는 공부도 매매가 가능하다.

## 사람 구실하려면 뭐라도 배워야지

> 지금 이 순간에도 적들의 책장은 넘어가고 있다.
>
> 하버드대 도서관 낙서

미국의 심리학자 에이브러햄 매슬로 Abraham Maslow는 인간의 욕구를 다섯 단계로 정리했다. 생리적 욕구, 안전의 욕구, 소속감과 사랑의 욕구, 자기 존중의 욕구, 자아실현의 욕구가 그것이다. 1단계부터 피라미드 형태를 그리는 구조다. '윗것'이 '아랫것'보다 성숙하고 바람직한 욕구이며 '윗것'은 '아랫것'이 충족된 연후에 나타난다. 최초의 욕구는 단순하다. 잘 먹고 잘 자고 잘 싸면서 스스로의 몸을 온전히 지키고 싶다는 생각이다. 마소가 원하고 벼룩이 꿈꾸는 삶이다.

신체의 안전이 보장되면 욕구는 신체 밖의 영역까지 관심을 확장한다. 이른바 '정신'을 찾고 '의미'를 구한다. 자아에 대해 고민하고 공동체 속에서 자신의 위상을 확보하려 든다. 정신과 의미가 지향하는 궁극적인 목표는 세계의 자아화化. 학식이든 덕망이든 열심히 축적한 '카리스마'로 세계를 감동시키고, 종국엔 세계를 자기 뜻대로 주무르고 싶다는 심보다. 아쉽게도 최후의 꿈은 절대적 권력자나 영적 지도자와 같이 극소수의 인물에게만 실현이 허락된다. 장삼이사들은 마지막 야망을 보류하거나 포기하기 일쑤다. 다만 번듯한 집과 자동차, 그럴싸한 직업과 정치적 견해를 갖는 선에서 자아실현의 욕망을 절충한다. 남이 봤을 때 창피하지 않을 정도의 인생.

 훗날 매슬로의 후학들은 자기존중과 자아실현의 욕구 사이에 인지적 욕구와 심미적 욕구를 삽입했다. 인지적 욕구는 여러 가지 앎을 습득해 주변 환경을 파악하고자 하는 바람이다. 호랑이를 잡으려면 최소한 호랑이가 어떻게 생겼는지는 알고 굴에 들어가야 옳다. 심미적 욕구는 그렇게 획득한 앎에 체계를 세워 미적인 질서를 불어넣으려는 바람이다. 보기 좋은 떡이 맛도 좋다는 속담과 같은 맥락이다.

 따지고 보면 공부는 인지적 욕구의 층위에서 출발한다. 인지적 욕구의 동인動因은 자기존중의 욕구. 스스로를 곱게 여기면서 타인의 시선을 자신에게 붙들어 놓고 싶은 자존심이 책을 쥐고 스승을 좇게 하는 것이다. 궁금한 분야의 지식을 쌓고(인지적 욕구) 그것을 합리적 타당성에 근거해 재구성한 뒤<sup>(심미적 욕구)</sup> 세상을 설득해 제 편으로 만드는 일<sup>(자아실현의 욕구)</sup>이 공부의 전체적인 양상인 셈이다. 많이 알고 말을 잘할수록 대접받고 살게 마련이다. 결국 공부는 더 나은 삶을 위해 필수적이다. 세상을 가지고 싶다면 일단 뭐라도 알아야 한다.


## 고슴도치의 지혜

> 여우는 많은 것을 알지만 고슴도치는 단 한 가지를 안다.
> 아이제이어 벌린

여우는 매우 교활한 동물이다. 고슴도치 한 마리를 잡기 위해 수많은 전략을 짜낸다. 하지만 세계에서 가장 영리한 여우도 세계에서 가장 굼뜬 고슴도치를 사냥하지 못한다. 온몸에 돋친 가시 때문이다. 재빨리 몸을 웅크리기만 하면 고슴도치는 천수天壽를 누릴 수 있다. 단 하나에 지나지 않지만 목숨만큼 소중한 지식이다. 그리고 승리는 언제나 고슴도치의 몫이다.

이런저런 잡학雜學들이 인생을 도와줄 수 있을지언정 인생에 대해 가르쳐주진 못한다는 것. 인문주의자들의 믿음이자 철인哲人들의 오기다. 재물이 삶의 외피를 살찌울 수는 있겠지만, 죽음이라는 삶의 본질에서 꺼내주지는 못한다. 첨단의 문명을 이룩한 자본과 지식과 기술도 마찬가지다. 삶의 뿌리에 도사리고 있는 죽음이나, 현상의 이면에 있는 진리에 관한 물음에는 말문을 닫는다. 원래 눈에 보이는 것은 눈에 보이는 것에만 참견할 수 있을 뿐이다.

지식에는 수준이 존재한다. 아리스토텔레스는 여러 개별적 지식에서 전체적 지식을 포괄해내는 작업을 형이상학이라고 규정했다. 예컨대 어떤 의약품의 효능에 대한 일반인들의 지식보다 의학자들의 지식이 더 고귀하다. 왜냐하면 대개는 약효의 '현상'에 대해서만 인지하지만, 의사들은 특정한 약이 왜 그러한 효력을 발휘하는지 그 '이유'에 대해서도 꿰뚫고 있기 때문이다. 곧 지식의 우열을 가르는 기준은 인과관계의 이해다.

삼라만상은 천문학적 숫자의 '왜?'를 감추고 있다. 이것에 관한 답변을 얼마나 많이 보유했느냐가 현자의 됨됨이를 견주는 잣대가 된다. 물음과 물음의 바다를 거슬러 올라가 최종적으로 만나는 물음에 관한 해답이 진리이고 형이상학의 주제다. '왜 물은 섭씨 100도에서 끓는가', '왜 사람은 화가 나면 얼굴을 찡그리는가' 간단한 질문에서 출발한 탐구의 노정은 '세계는 무엇인가' 또는 '인간은 무엇인가'라는 무시무시한 호기심으로 치닫는다. 그리고 물음이 광대하거나 심오할수록 위대한 공부로 여겨졌다.

'지혜를 사랑하다(Philo+Sophy)'라는 어원의 철학. 고대 그리스 철학의 기원은 아르케Arche에 대한 관심이었다. 아르케는 '군대를 전장으로 이끈다'는 뜻의 아르코Archo에서 변형된 낱말로 '근원'이나 '시초'로 번역한다. 탈레스는 물, 헤라클레이토스는 불, 아낙시만드로스는 무한자無限者, 데모크리토스는 원자原子를 세계가 발생하게 된 최초의 원인이라고 주장했다. 현대의 시각에서 보면 무척 막연하고 순진한 발상이다. 어쨌든 이들의 갑론을박은 존재의 시원에 관한 의문의 역사가 아득하다는 것을 반증한다.

로고스Logos는 아르케 안에 녹아든 신神의 말씀, 그러니까 인간의 이성으로 파악할 수 있는 사물의 보편적 법칙으로 해석할 수 있다. 아르케가 물질의 영역에서 접근한 진리라면 로고스는 정신을 한층 부각시킨 개념이다. 서양에서 로고스를 궁금하게 여겼다면 동양에서는 도$^{道}$가 화두였다. 도는 그것에 접근하는 사람들의 학풍에 따라 천명$^{天命}$, 태극$^{太極}$, 화엄$^{華嚴}$ 등으로 달리 불렸다. 방법론에서는 동양과 서양 간에 상당한 차이를 보인다. 얘기가 번쇄해질 듯해 구체적인 설명은 접는다. 여하간 동서 모두 세계가 구성되고 움직이는 원리에 대해 깊이 사유했다는 점은 동일하다.

후대의 식견이 쌓이면서 세상의 '처음'과 '참됨'에 관한 논리는 시간이 갈수록 치밀해지고 장쾌해졌다. 하지만 외장을 샅샅이 발라내면 끝내는 시원$^{始原}$에 대한 집요한 열망만이 남는다. 자타$^{自他}$와 시공$^{時空}$을 초월한 보편적인 지혜를 향한 열정. 어느 계파나 수긍하고 어느 시대나 박수를 보내는 하나의 '앎'을 얻기 위해, 철학자들은 불면의 밤을 아낌없이 투자했다. 삶의 저편에서 삶을 삶이게끔 하는 '그것'을 향한 그리움.

## 나, 본분으로 돌아가리라

> 미련한 마음에 배우지 않으면 교만심만 더하고, 어리석은 뜻에 닦지 않으면 잘난 척하는 마음만 자란다. 빈속에 마음만 높으면 주린 호랑이 같고, 아는 것 없이 놀기만 하면 넘어진 원숭이 같다.
>
> 愚心不學增驕慢 痴意無修長我人 空腹高心如餓虎 無知放逸似顚猿
>
> 야운(野雲) 《자경문(自警文)》

《자경문》은 고려 말기 야운이란 스님이 지은 책으로, 불교에 입문한 초심자들이 가져야 할 태도에 대해 강론했다. 배워야 분수를 알고 배워야 삶을 그르치지 않는다는 것. 담담하고 평이한 설명이다. 불교계 최대 백과사전인 《가산불교대사림 伽山佛教大辭林》은 공부를 '수행에 전념하는 것. 노력 또는 실천으로 본분에 힘을 다하는 것'이라고 기술했다. 본분本分이란 '사람이 저마다 가지는 본연의 신분. 의무적으로 마땅히 지켜 행해야 할 직분'을 일컫는다. 불교에서 바라보는 공부 역시 여느 종교와 마찬가지로 인격 수양이 강조됐다.

스님들의 공동체를 승가僧伽라고 한다. 승가의 전통적 공부법은 되먹임과 되새김, 되돌림으로 요약할 수 있다. 계

戒·정定·혜慧 삼학三學의 섭수攝修는 스님을 양성하는 승가교육의 근간이다. 계율과 선정, 지혜를 함께 닦으라는 것이다. 계율은 수행자로서의 윤리를 지키기 위한 행동 지침, 선정은 참선을 통해 마음이 순일하게 정화된 상태를 가리킨다. 지혜는 계율과 선정으로 다져진 바른 몸과 바른 마음에서 나오는 참다운 앎을 의미한다.

계정혜는 솥을 받치는 세 다리처럼 균형을 이뤄야 하고 세발자전거처럼 같이 간다. 불교에서는 참다운 지혜가 일말의 미동도 없이 고요한 마음 상태인 선정에서 표출된다고 가르친다. 단, 마음이 평온하려면 몸에 어긋남이 없어야 한다. 남의 생명을 함부로 해치는 사람을 스님이라고 받들기는 어렵다. 도둑질도 거짓말도 금물이다. 곧 선정은 계율을 올곧게 지키는 지계持戒가 이끈다. 몸이 반듯해야 마음도 반듯해진다는 취지다. 역으로 지계와 선정의 작용으로 생산된 지혜가 자연스레 선정과 지계를 지탱한다. 정신이 제대로 박히면 몸을 함부로 놀리지 않는 법이다. 미망迷妄에 데이거나 유혹에 넘어가지 않는다. 이렇듯 계가 정을 이루고 정이 혜를 이룬다. 돌이켜 혜가 계를 이룬다. 되먹임의 구조다.

승가의 공부는 반복과 반복의 연속이다. 몸의 공부도

반복이고 마음의 공부도 반복이다. 스님들의 기본교육기관인 강원講院의 하루는 새벽 3시에 일어나 저녁 9시에 잠들 때까지 차지고 가쁜 일상이다. 밥 먹고 씻을 때를 제외하면 전부 교과수업 아니면 운력(運力 : 단체 노동)의 시간이다. 계절마다 방학이 있지만 계율에서도 해방되는 것은 아니다. 특히 경전 몇 줄 외우는 것보다 수행자로서의 마음가짐을 우선으로 친다. 소위 '중물'을 들이는 것이다. 절에서의 교과 공부는 한문으로 된 경전 강독이 주종이다. 암송은 기본. 경전을 완전히 외워야만 이해했다고 간주한다. 그래야만 부처님의 말씀이 육화肉化된 실천이 나온다는 믿음 때문이다. 논강은 승가 특유의 토론 학습이다. 말씀의 본의에 관해 서로 가타부타하며 불교적 식견을 넓힌다. 포살布薩은 되새김의 결정체다. 출가자는 매달 음력 15일과 29일(또는 30일) 한자리에 모여 보름 동안 있었던 자신의 행실에 대해 고한다. 죄를 지은 것이 있으면 참회하고 용서를 구한다. 거듭거듭 배움을 수습하고 잘못을 따지는 이유는 스님다운 스님으로 거듭나기 위함이다.

## 죽음에서 벗어나는 방법

무릇 도를 배우는 자는 먼저 잡다한 지식과 인연을 모두 물리쳐야 한다. 밖에서 따로 구하지 말고 무언가에 집착하지 말라. 깊고 깊은 법을 듣는다는 것은 한 줄기 바람이 귓가에 스치는 것과 같다. 잠깐이면 지나가 버려 다시 찾을 수 없으니.

夫學道者 先修屛却雜學諸緣 決定不求 決定不著 聞甚深法
恰似淸風屆耳 瞥然而過 更不追尋

《고존숙어록(古尊宿語錄)》

물론 불교에서 말하는 본분의 의미는 단순히 분수나 직분에 그치지 않는다. 사람으로서의 윤리적 도리를 다하는 것 이상을 요구한다. 부모미생전 본래면목父母未生前 本來面目. 부모에게 나기 전, 그러니까 어머니 뱃속에 잉태되기 이전 나의 참모습을 묻는 화두다. 부모미생전이란 신체와 의식이 생성되기 전의 일이다. 자아와 세계에 대해 인식하고 판단할 생각이 마련되지 않았을 뿐더러, 스스로를 느낄 수 있는 감각조차 없는 상태다. 그러니 그것을 어찌 알아낼 것인가. 빈 그릇 내밀며 밥 먹으라는 격이다. 까마득하게 까다로운 문제가 아닐 수 없다. 그러나 선사들은 그것을 알아내기만 하면 모든 고통에서 벗어나 부처가 될 수 있다며 사람들을 꾀었다. 고단하지만 고혹적인 문제, 본분으로의 귀환.

본분은 불교 수행의 알짬을 함축한 단어인 만큼 숱한 관련어를 양산했다. 수행의 일대사一大事라는 뜻으로 깨달음 또는 심성을 가리키는 본분사本分事, 자기 본래의 모습으로 되돌아간 사람이란 뜻의 본분인本分人, 본분인과 동의어인 본분작가本分作家, 본래부터 타고난 솜씨나 지도 방법인 본분수각本分手脚, 본래의 면목에 일치돼 학인學人들을 지도할 수 있는 역량을 가진 선사인 본분종사本分宗師 등이다. 본분초료本分草料는 스님들의 공부법에 교합하는 말이다. 학인을 우마에, 스승의 가르침을 여물에 빗댔다. 교육을 인간 본래의 모습으로 되돌아가게끔 하는 데 쓰이는 먹이에 비유한 것이다.

'당시 운문이 본분의 양식으로 동산에게 살 길을 열어주었다면 집안이 적요해지지 않았을 것이다《무문관無門關》.' 본분은 이만큼 중요한 주제이고 본분을 통찰하는 일은 수행자에게 있어 필생의 과제다.

우리가 알고 있는 공부의 통상적인 개념은 외부에 있는 물질과 사실들을 탐구해 지식으로 내면화하는 행위다. 그리고 세상의 생리와 법칙에 대해 많이 알면 알수록 인생이 한결 편안하고 화려해질 것이라 믿는다. 반면 불교의 공부는 처음부터 끝까지 본분으로 되돌아갈 것을 주문한다. 자신의 밖이 아닌 안으로 몰입하라는 것이다. 부처님은 《금강경金剛經》에서 '무릇 상相이 있는 것은 모두 허망하니 모든 상이 상이 아님을 보면 진실을 보리라'고 약속했다. 외물에 대한 미련을 버리라고 한사코 당부했다. 그것들은 자신의 주관적 의지가 투영되면서 필연적으로 왜곡되기 때문이다. 참된 공부가 아니요 모두에게 이익을 선사하지 못하는 공부다. 자아라는 거울을 스치면 뭐든 뒤틀리고 망가지게 되어 있다. 뒤틀리고 망가진 앎으로 나에게 걱정을 끼치고 남에게 민폐를 끼치는 것이 인간세의 백태다.

 남을 보기 전에 나를 보고, 있음을 보기 전에 없음을 보고, 태어남의 축복을 보기 전에 사라짐의 곤욕을 봐야 한다. 그래야만 '나'와 '있음'과 '태어남'에 감사하되 집착하지 않을 수 있다. 불교의 공부관은 무엇을 알자는 것이 아니다. 내가 왜 그것을 알고 싶어 하는지, 왜 나는 그것을 알고 싶어 하게 생겨먹었는지를 숙고하는 것이다. 곧 본분으로의 여행이다. 고슴도치가 알고 있는 단 하나의 지혜에 도달하기 위해. '죽음'에서 벗어나는 방법.

### 생각에 대해 생각하지 마라

---

무념이란 생각하면서 생각하지 않는 것이다.

無念者 于念而不念

조계 혜능(曹溪慧能) 《육조단경(六祖壇經)》

---

'나는 생각한다. 그러므로 존재한다.' 서양철학사의 근대를 열었던 데카르트Descartes, René가 남긴 유명한 명제다. 의심할 여지가 없는 진리를 찾기 위해 부심하던 그는 이른바 '방법적 회의懷疑'라는 기법을 썼다. 조금이라도 의심스러운 것은 전부 거짓으로 간주하면서 확고부동한 진리를 추려내려 분투했다. 지난한 부정과 부정 끝에 마침내 '내가 생각하고 있다는 것만은 분명한 사실'이라는 결론에 도달했다. 그럴듯하지만 본말이 뒤바뀐 이야기다. 내가 생각하는 게 아니라 생각이 나를 있게 한다. 내가 존재한다는 사실을 알려주

는 건 내가 아니라 생각이다. 생각은 자아의 저편에서 부단하게 밀려오는 파도와 같다. 가령 벽에 그린 점을 1분 이상 아무 생각 없이 바라볼 수 있다면 그는 사람이 아니다. 걷잡을 수 없이 잡념이 끼어든다. 실제로 해보면 안다. 마음대로 끊을 수도 내칠 수도 없다. 통제 밖의 영역이다. 눈을 감고 귀를 막으면 오히려 힘이 커진다. 꿈에서도 생각은 제멋대로 활개를 친다. 오로지 죽음만이 해치울 수 있는 난공불락의 타자他者다.

삶이란 외부와의 끊임없는 상호작용이다. 인간은 시시각각으로 자극에 시달리며 그에 따라 생각도 우후죽순으로 일어난다. 밥 먹을 때도 생각하고 친구를 만날 때도 생각하고 바람이 뺨을 스칠 때도 생각한다. 생각이든 사유든 망상이든 어떤 이름을 가져다 붙여도 생각의 본질은 변하지 않는다. 내가 생각하는 게 아니라 생각이 '나'라고 하는 매체를 통해 드러나는 것이다. '내가 생각한다…' 말로는 무언들 못하겠느냐마는 인간은 일상문법에서 구업口業을 짓고 있는 셈이다.

생각은 본능의 영역에 속한다. 살이 찐다거나 더럽다는 이유로 밥 먹고 똥 누는 일을 멈출 수 없듯 생각도 끊어지지 않는다. 이때 인간의 이성理性이 할 수 있는 일이라곤 세차 물길을 일정한 방향으로 틀어주는 정도. 마구잡이로 몰아치는 생각을 그럴듯하게 세공하고 포장하는 능력을 말한다. 이른바 생각의 편집, 지혜다. 물론 겨우겨우 다스려 웬만큼 폼이 잡힌 생각도 남의 강력한 생각을 만나면 금방 허물어지기 일쑤다. 이기심과 적개심, 우쭐함과 두려움 앞에서 지혜는 쉽사리 정신을 놓고 만다.

  마음을 비우겠다는 각오는 무리한 욕심이 좌절됐을 때, 하다하다 안되니까 내뱉는 변명인 경우가 많다. 상대적으로 인생에 별 기대를 하지 않는 사람은 그런 말을 할 필요가 없다. 생각의 무서움을 아니까 웬만하면 상대할 '생각'을 않는 것이다.

## 세상은 이불과 같다

> 이것이 있음으로 저것이 있고 이것이 일어남으로 저것이 일어난다.
> 此有故彼有 此起故彼起
>
> 《잡아함경(雜阿含經)》

'어딘가서 날아오는' 생각에 의해 좌지우지되는 자아의 피동성을 언급한 이유는 연기緣起를 설명하기 위해서다. 불교에서 공부의 목표는 부처님처럼 깨달아서 부처가 되는 것이다. 부처님은 연기를 깨우치고 부처가 됐다. 무아無我나 공空이라고도 부르는 연기는 존재의 보편적 양상을 가리킨다. 한마디로 모든 존재는 인연에 따른다는 것이다. 만물은 인연에 의해 생성되고 소멸한다. 모든 생명은 인연에 종속된다. 세세생생 나고 죽기를 반복하는 나무를 보자. 겨울이라는 조건에선 금방이라도 죽어 넘어질 듯 볼썽사납지만, 봄이라는 조건에선 소스라칠 듯 기력을 회복한다. 세상에 발붙이고 사는 것들이라면 모두가 발을 담그고 있는 이치다.

스스로 변화하는 존재는 없다. 언제나 주변 환경과의 부대낌으로 모습과 상황이 바뀐다. 코 풀 일도 없는 주식이

제 힘으로 휴지가 되진 못한다. 기업의 분기 실적이 저조했거나 혹은 '큰손'이 고의적으로 팔아치웠거나, 반드시 외부의 개입이 있게 마련이다. 반면 긍정적인 변수가 발생하면 불황은 호황으로 뒤집어진다. 멀쩡한 사람이 어느 날 갑자기 사망하지는 않는다. 서서히 건강을 옥죄는 암세포 또는 갑자기 인도로 돌진하는 트럭과 같은 인연이 있어야 죽음이란 결과가 가능하다. 궁극적으로는 늙음이라는 필연적 동기가 있다. 생명은 인연을 발판으로 성장하거나 인연을 잘못 디뎌 도태한다. 깡패가 과거를 뉘우치는 데에도, 성직자가 타락하는 데에도 인연이 필요하다. '핑계 없는 무덤은 없다'는 속담은 그래서 값지다.

 인연의 왕래는 현재의 공간에만 국한되지 않는다. 과거는 현재를 바꾸고 현재는 미래를 바꾼다. 오늘 얻은 낱알은 어제 뿌린 씨앗 덕분이다. 20년 후의 영광은 20년 노력으로 인한 열매다. 심지어 미래가 현재를 바꾸기도 한다. 철저히 잊혀졌던 예술가가 후대의 발굴과 연구에 힘입어 천재로 재조명되는 경우가 적지 않다. 유능한 지질학자들이 등장해 지구 탄생의 비밀을 밝히지 못했다면 선사시대의 풍경은 여전히 봉인된 상태였을 것이다. 미래의 관점에 따라 과

거는 새롭게 재구성된다.

세상은 커다란 이불과 같아 이쪽에서 주름을 잡으면 저쪽의 모양도 어떤 식으로든 달라지는 법이다. 이불은 공간의 방에도, 시간의 방에도 깔려 있다. 돌고 도는 세상이다.

## 나는 없다

---

온갖 유위(有爲)의 법은 꿈 같고 허깨비 같고 물거품 같고 그림자 같고 이슬 같고 번개 같으니 마땅히 이렇게 보아야 한다.
一切有爲法 如夢幻泡影 如露亦如電 應作如是觀
《금강경》

---

관계성의 맥락에서 바라본 존재의 실상이 연기라면, 무아는 개체성의 범주에서 접근한 실상이다. 아我는 타자他者가 개입되지 않은 순수한 자아의 본성을 이른다. 무아는 그런 건 애초에 없다는 가르침이다. 구태여 '나'라고 할 만한 것을 찾는다면 그건 자신의 성명姓名 혹은 '나'라고 하는 낱말

뿐이다. 모든 존재는 그것을 그것이게 하는 독자적인 특성을 갖고 있지 않다. 오직 다른 존재와의 차이를 통해 스스로를 드러낼 수 있을 따름이다. 토끼는 소나 말, 개가 있기 때문에 토끼다.

연기법에 따르면 '나'는 무수한 인연의 조합이다. 지금까지 목숨과 신체를 지탱하게 해준 음식이라는 인연, 태어나 처음 만난 가족이라는 인연, 혈연과 지연과 학연이라는 인연, 그동안 보았던 책과 신문과 비디오라는 인연, 그동안 들었던 음악과 꾸중과 '루머'라는 인연이 나를 키웠다. 업業은 몸과 입과 마음으로 지은 모든 소행을 일컫는다. 곧 주변 세계와의 반응을 통한 인연의 산물이다. 기억할 수 있는 업(의식)과 기억할 수 없는 업(무의식)의 총체, 그것이 자아라고 하는 정체성을 세운다.

이러한 인연들은 누구나 경험할 만한 것들이다. 구름을 주식主食으로 하는 사람이 없고 개를 아버지로 둔 사람이 없으니까. 다들 비슷한 것을 먹고 비슷한 것을 말하고 비슷한 것을 생각한다. 다만 개개인마다 쌓아온 업의 무게와 방향이 달라 자못 커다란 차이를 낳는다. 아무리 바늘구멍이라도 백만 개쯤 모으면 소도 빠뜨릴 함정을 만들 수 있는 법이니까. 모든 아버지가 선량하진 않고 모든 아기가 서울 땅에서 태어날 수 있는 건 아니듯이, 개인의 성향에는 살아온 시간과 환경에 따라 일정한 '다름'이 발생한다. 그러나 업은 지나간 것이어서 실체가 없다. 업에 의해 비롯된 자아라는 것도 마찬가지다.

유위법은 인연에 의해 생성된 모든 것을 말한다. 그것들은 거품과 꿈처럼, 번개와 구름처럼 금세 없어지고 만다. 일어난 것은 반드시 사라진다. 단지 빨리 사라지고 늦게 사라지는 차이가 있을 뿐이다. 자아라는 것도 생각이 만들어낸 관념이다. 생각하지 않을 때 나는 내가 어디에 있는지조차 모른다.

사대四大와 오온五蘊의 관점에서도 무아가 설명된다. 자아라는 것은 흙[地]·물[水]·불[火]·바람[風]이란 물질적 요소와 육체[色]·오감[受]·이미지[想]·의지[行]·판단[識]이란 정신적 작용의 결과다. 세월이 흘러 육체가 무너지고 정신을 상실하면 결국 자아라는 것도 소멸한다. 만약 독립적인 자아라는 것이 존재한다면 자아의 허무한 멸망을 그저 좌시하지만은 않을 것이다. 어떻게든 손을 써서 영생을 유지하려 하겠지만, 알다시피 허사다. 내가 생각하고 내가 걸어 다니는 것처럼 보이지만 착각이다. 나와는 무관한, 그리고 나 이전부터 있었던 '무엇'에 의해 속절없이 끌려 다니는 게 인생이다.

## 있어서 없고 없어서 있는 것

> 유위법도 아니고 유위법을 떠난 것도 아닌 것이 궁극적인 깨달음의 경지다.
>
> 非有爲非離 諸如來涅槃
>
> 《금강경》

연기와 무아는 교유와 소통이 존재의 운명임을 일러준다. 연기와 무아의 별칭인 공空은 그저 허공을 가리키는 단어가 아니다. 가령 피아노 소리가 난다고 치자. 맑고 경쾌하게 울리는 건반에서 인간은 으레 소리만을 감지하고 찬탄한다. 그러나 침묵이라는 기반이 조성되지 않았다면 그와 대비되는 소리도 자신의 면모를 드러내지 못한다. 소리가 있는 건 침묵이 있기 때문이다. 소리와 침묵의 유기적인 조화로 아름다운 음악이 탄생하는 것이다. 이렇듯 '있음'과 '없음'의 교류로 만들어지는 질서가 곧 공이다. 이것이 있는 건 저것이 있기 때문이고 내가 있는 건 네가 있기 때문이다. 소리는 '있음'으로 없는 것이요 침묵은 '없음'으로 있는 것이다.

그릇이 그릇일 수 있는 건 속이 빈 덕분이다. 그래서 거기에 물을 떠먹고 쌀을 씻고 거름을 담고 걸레를 빨고 오줌을 눌 수 있다. 아울러 그릇은 그릇만으로 그릇이 되지 않는다. 방 안에 그릇 이외의 다른 사물이 있음으로 해서 그릇은 그릇이라고 규정되는 것이다. 동시에 지금은 멀쩡한 그릇이라도 언젠가는 깨지기 마련이다. 박물관에 전시된 옛 사람들의 토기는 운이 좋았을 뿐이다. 천 년은 용케 견뎠지만 만 년은 못 버틴다. 하지만 비록 그릇이 깨어진다 해도 남은 사금파리들은 어떤 식으로든 재활용된다. 흙으로 돌아갔다가 새 인연을 만나면 또 다른 개체로 피어날 것이다. 그릇은 죽지 않는다. 다만 사라질 뿐이다.

## 삶은 ○이다

비구여, 출가자는 두 변을 가까이하지 말 것이니, 즐겨 애욕을 익히거나 또는 스스로 고행하는 것이다. 이는 어질고 성스러운 법이 아니며 심신을 피로하게 하여 할 일이 못 된다. 비구여, 이 두 변을 버리고 나면 다시 중도를 얻으리라.

此丘出家者不得親近二邊 樂習愛欲或自苦行 非賢聖法勞疲形神不能有所辨 此丘除此二邊已更有中道

《사분율(四分律)》

중도中道는 연기가 내면화된 생활태도다. 연기와 무아, 공이라는 존재의 실상을 있는 그대로 받아들이려는 자세다. 떨어지는 낙엽을 보고 서러워하는 사람은 없다. 하지만 자신의 낙화 앞에선 통탄한다. 자연의 법칙에 막상 제 몸이 연루되면 이렇게 입장이 달라진다. 돌고 도는데 돌려 하지 않고, 있지도 않은 나를 내세우고 고집하면 삶이 고역이다. 피곤하고 억울하고 아쉽고 슬프다. 소리는 침묵을 통해 삶은 죽음을 통해 완성되는 것이지만, 중생은 소리와 삶에만 집중한다. 나에게만 들리는 소리, 내가 가진 삶에만 골몰한다.

진정 나를 발전시키고자 한다면 나 아닌 것으로부터 배워야 한다. 저것을 봐야 이것의 장점이 보이고 저것을 봐야 이것의 단점이 보인다.

반대로 눈에 보이는 것이 역겹다고 평생 눈을 감고 살수는 없는 노릇이다. 사람이 죽어도 자아는 없어지지 않는다는 상견常見도 문제지만, 그렇지 않다고 우기는 단견斷見도 문제다. 모든 사단은 집착에서 불거진다는 게 불교의 기본적인 입장이다. 집착의 대상이 아니라 집착하는 행위 자체를 경계한다. 마구잡이로 폭식하는 사람도 무작정 금식하는 사람도 건강을 해치는 건 매한가지다. 탐욕도 볼썽사납지만 금욕도 권할 것이 못 된다. 순간순간 반성하고 순간순간 탈주하면서 살아야 균형을 얻을 수 있다.

불교의 '자아'에 대한 관점은 이중적이다. 자아란 건 없으니 거기에 집착하지 말라 다그치면서도[無我], 삶의 문제를 해결할 수 있는 주체는 오로지 자기 자신[自燈明]이라고 역설한다. 나에 대한 부정과 확신이 아슬아슬하게 공존한다. '나'라는 녀석은 함부로 상대했다가는 큰코다치기 쉬운 물건이다. 난해하고 오묘하다. 내가 있기 전에도 꽃은 피고 새는 울었다. 그러나 내가 있기 전에 그것들은 풍경이나 희망이 되지 못한다. 내가 개입해 의미를 부여해주기 전까지는 말이다. 나의 임재臨在와 부재不在 사이, 거기에 진실이 있을 것이다.

세상의 진실은 무아이지만 무아에 집착하는 것도 잘못이다. 무아라고 하는 관념, 즉 유위법에 얽매이는 행위인 탓이다. 진리도 고이면 썩는다. 비상비비상처非想非非想處. 생각하지도 않고 생각하지 않지도 않은 그 자리에 머물기. 삶은 'O'이다. 진정 바르고 빛나는 길은 남과 나 사이를 가로질러 흐른다는 생각. 나무들이 일정한 간격으로 떨어져 서 있어야만 아름다운 숲을 이루듯이.


## 나는 봄바람이다

사대가 원래 주인이 없고 오온이 본래 공하다. 번쩍이는 칼날에 머리를 내미니 마치 봄바람을 베는 것 같구나.
四大元無主 五蘊本來空 將頭臨白刃 猶似斬春風

승조(僧肇) 《전등록(傳燈錄)》

과거 망나니가 참수형을 집행할 때 목을 '벤다' 대신 '친다'는 표현을 썼다. 문자 그대로 치는 것이다. 사람의 목은 고도로 단련된 무사가 아니고서는 단번에 베어내지 못한다. 망나니가 크고 무딘 칼로 머리가 몸통에서 떨어져 나갈 때까지 계속 내리찍는 것, 이것이 참수형의 실체다. 더구나 망나니는 칼질이 시원치 않을 경우 술을 마시고 특유의 춤사위를 늘어놓으며 딴전을 피운다. 이때 숨통이 채 끊어지지 않은 사형수의 고통이란 굳이 말할 필요가 없다. 천민 중의 천민이었던 망나니는 '제발 한 번에 보내 달라'며 사형수의 가족들이 건네는 뇌물로 생계를 이어갔다.

승조는 경전 한역漢譯의 선구자 구마라습九摩羅什의 제자로 인문학 전반에 통달했던 학승學僧이다. 황제는 이 젊은 천재를 갖고 싶어했다. 재상의 자리를 걸고 환속할 것을 권유했으나 스님은 '잠꼬대 같은 소리'라며 일축했다. 괘씸죄에다 이런저런 모함까지 엮여 끝내 처형을 당하게 된 스님은 일주일의 말미를 얻어냈다. 옥중에서 명저《조론肇論》을 쓰고 위와 같은 유언을 남겼다.

상상만 해도 오금이 저리는 혹형酷刑을 봄날의 꽃놀이쯤으로 받아들이고 있다. 참수형보다 무서운 기개다. 애당초 고통 받을 몸이 없고 죽어야 할 내가 없는데 아파하고 아쉬워할 까닭이 없다는 깨달음. 얼마나 공부해야 이토록 소름 끼치는 자유를 얻을 수 있을까 싶다. '법 앞의 평등'은 믿지 않아도 저승길에선 누구나 똑같은 신세인 줄 알았다. 그러나 스님은 그것마저 허구임을 일깨우고 홀연히 사라졌다. 사람은 죽음 앞에서도 평등하지 않다.


## 참새는 참새이기 때문에 부처다

밝음 가운데 어둠이 있거든 밝음으로써 만나려 하지 말고, 어둠 가운데 밝음이 있거든 어둠으로써 보려 하지 말라. 밝음과 어둠이 상대됨은 마치 앞뒤의 발걸음 같은 것. 만물은 제각기 공능(功能)이 있으니 용도에 맞는 곳을 말해야 한다.

當明中有暗 勿以明相遇 當暗中有明 勿以暗相觀 明暗各相對
譬如前後步 萬物自有功 當言用及處

**석두 희천**(石頭希遷) 《**조당집**(祖堂集)》

《조당집》 제15권 〈동사화상〉편에 보면 다음과 같은 선문답이 등장한다. 동사는 동사 여회東寺如會선사를 가리킨다. 화상和尙은 지혜와 덕을 갖춘 스님에 대한 존칭어.

어느 날 참새가 법당의 불상에 똥을 싸는 것을 보고, 누군가 물었다.
"저 참새에게도 불성이 있습니까?"
선사가 대답했다.
"있다."
"불성이 있다면 어찌하여 부처님 머리 위에다 똥을 쌉니까?"
"그에게 불성이 없다면 어찌하여 솔개의 머리에다 똥을 싸지 않는가?"

불성佛性은 생명이 있는 것 모두가 갖고 있는 부처의 성품을 뜻한다. 불성이 있어서 만 중생의 지존인 부처님은 괄시하고 한갓 짐승인 솔개에겐 예의를 차린다? 인간의 입장에선 이해가 안 되지만, 참새의 입장에선 이해가 된다. 참새에게 불상은 쇳덩어리에 불과하다. 그들의 사회에선 아무도 불상을 성스러운 상징으로 여기지 않는다. 차라리 포식자인 솔개에게 삼배三拜를 올리는 게 신상에 이롭다. 그게 참새다운 삶이다. 참새가 참새로서 원만하게 세상을 살아갈 수 있는 방법은 참새만이 안다. 참새는 참새로서 산다. 그래서 부처다.

부처님은 '삼라만상이 부처님'이라고 역설했다. 사자가 자비를 실천한답시고 물소를 잡아먹지 않는 기특한 짓을 해서가 아니다. 그저 '그것'이 '그것'이니까 부처님이다. 밝음은 밝음대로 어둠은 어둠대로 각자의 영역에서 주어진 조건을 견디며 최선을 다한다. 그로 인해 아름다운 풍경이 연출되고 우주에 질서가 잡히는 것이다. 세상이 온통 빛으로 가득하든, 칠흑 같은 어둠에 휩싸이든 실명$^{失明}$하긴 마찬가지다. 바로 보라, 불구가 되고 싶지 않다면.

# 2장 걱정 마라, 네가 부처다

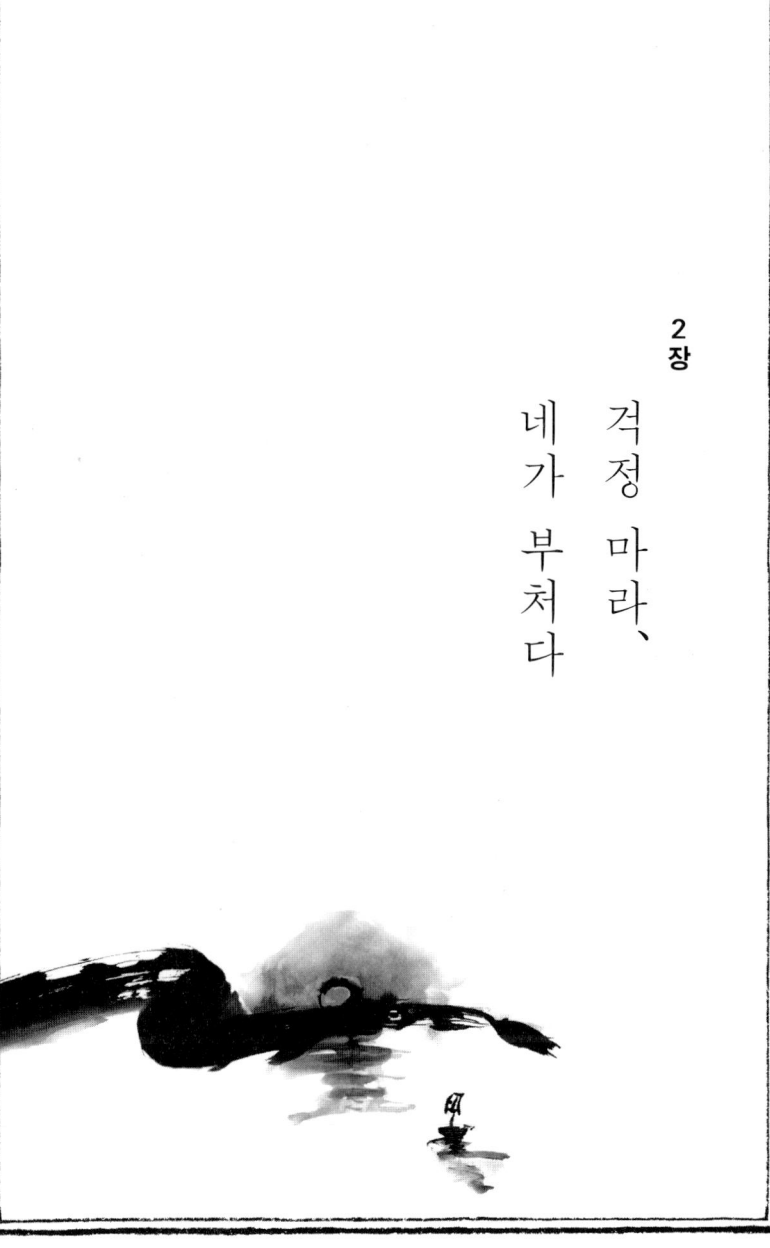

## 바른 법을 구하지 마라

중생의 마음을 버릴 것 없이 다만 자신의 본성만 더럽히지 마라.
바른 법을 구하겠다는 생각은 잘못이다.
不用捨衆生心 但莫汚自性 求正法是邪

청허 휴정(淸虛休靜) 《선가귀감(禪家龜鑑)》

청허 휴정은 임진왜란의 영웅인 서산대사의 본명이다. 깨달음을 얻겠다고 굳이 중생심을 부정할 필요는 없다는 일설. 중생은 부처와 대비되는 개념이다. 단적으로 깨닫지 못한 범부를 뜻한다. 중생은 중생심으로 산다. 그래서 피곤하다. 내가 힘겹고 세상이 시끄럽다. 중생은 생사의 윤회로부터 벗어나지 못했기 때문에 늘 괴롭고 불안하다. 태어난 건 반드시 죽고 나타난 건 반드시 사라진다는 섭리를 인정하려 들지 않는다. 가지려고 기를 쓰고 가지지 못해 노여워한다. 체념과 용서에 서툴다. 탐욕[貪]과 분노[嗔], 어리석음[癡]이 부리는 대로 이리저리 비틀거리는 삼독三毒의 노예들이다. 죽음이 두렵고 실패가 무섭기 때문에 어떻게든 살아남으려고 발버둥 친다. 끼니를 걱정하고 목숨을 구걸하며 하루하루를 견디는 불쌍한 사람들이다. 그들은 멀리 있지 않다. 바로 내 옆 사람이고 나 자신이다.

결국 중생심은 도려내야 할 악성 종양과 같은 것이다. 선善을 장려하는 종교에서는 으레 이렇게 말해왔다. 그러나 청허 휴정선사는 중생심에 대해 의외로 호의적이다. 스스로를 깔보지 말고 자기 자신을 긍정하라고 위로한다. 개나 줘야 할 것 같은 중생심, 바로 그렇게 더럽고 험한 마음이 깨달음을 꽃피우기 때문이다. 오탁악세汚濁惡世에서 뒹구는 그 마음이, 생사의 지독한 굴레를 벗어나고야 말겠다는 보리심菩提心을 낳는다. 선사는 초라해지고 비열해져도 좋으니 다만 자신의 본성만 잃지 말라고 당부한다. 본성을 잃지 않는 한 희망은 있다.

본성은 불성佛性을 가리킨다. 선사들의 공부는 '마음이 부처요[卽心卽佛] 중생이 부처[衆生卽佛]'라는 통찰에서 출발한다. 누구나 불성을 갖고 있고 누구나 부처님이라는 것. 인도에 간다고 부처님이 살아 돌아와 반겨줄 리 만무하다. 지구 밖에도 부처님은 없다. 마음이 부처이고 중생이 부처이니 지금 이 순간 자기의 마음만 보면 된다고, 역설한다. 세상만사는 마음먹기에 달렸다고 한다. 스스로를 믿으라고 한다.

## 마음 밖에선 아무 일도 일어나지 않는다

너는 내게 묻는다. 이것이 너의 마음이다. 나는 네게 답한다. 이것이 나의 마음이다. 내게 마음이 없다면 어떻게 대답하겠으며 네게 마음이 없다면 어떻게 질문하겠느냐. … 이 마음이 곧 부처다.

汝問吾卽是汝心 吾答汝卽是吾心 吾若無心因何解答汝 汝若無心因何解問吾 … 卽心是佛

보리달마(菩提達磨) 《혈맥론(血脈論)》

---

삼처전심三處傳心. 부처님이 세 곳의 장소에서 마하가섭摩訶迦葉에게 깨달음을 전했다는 일화다. 부처님이 대중 앞에서 꽃을 들어 보이며 미소를 짓자, 오직 가섭만이 미소의 속뜻을 알아채고 같이 웃었다는 이야기[靈山會上擧拈華微笑]. 부처님이 법회에 지각한 가섭을 위해 자리의 절반을 선뜻 내주었다는 이야기[多子塔前分半座], 심지어 입적하면서까지 관 속에서 발꿈치를 내보여 가섭이 후계자임을 천명했다는 이야기[沙羅雙樹槨示雙趺]를 가리킨다. 이심전심以心傳心엔 이렇듯 언어도 공중도 필요하지 않다.

조계종 교육원장을 지낸 암도 스님은 삼처전심을 다음

과 같이 해석한 바 있다. 우선 부처님이 자리의 절반을 나눠 준 행동은 평등이 어떤 방식으로 진행되어야 무탈할 수 있는지를 시사한다. 약자의 요구에 의한 평등은 거칠고 더디지만 강자의 양보에 의한 평등은 그 자리에서 바로 이뤄진다. 이미 열반에 든 부처님의 발꿈치가 관 밖으로 튀어나온 사건은 생사의 해탈과 관계된다. 관의 안쪽(소멸과 정지의 세계)으로부터 벗어나 육신의 일부를 관의 바깥(생성과 운동의 세계)으로 드러냄으로써, 죽음은 끝이 아닌 또 다른 시작임을 가르쳤다. 무엇보다 첫 번째로 소개한 '염화미소'는 선禪의 진면목에 관해 보여주는 비근한 예다. 부처님의 미소도 가섭의 미소도 불성의 자연스러운 발현이다. 일말의 가식이나 조작 없이 마음을 통째로, 흔연히 드러내 보인 일이다. 고프면 먹고 졸리면 자는 절대 자유의 몸짓이라는 것이 스님의 설명이었다. 인문학적 통찰력이 돋보이는 강론이다.

    부처님이 잠자코 꽃을 치켜들었을 때 제자들은 그 '저의'가 무엇인가 궁금했을 것이다. 위대한 성자가 벌인 행동이니 무언가 심오한 속뜻이 있으리라, 지레 짐작하고 머리를 싸맸을 것이다. 그러나 가섭은 그저 웃기만 했다. 순간적이고 자동적으로 부처님과 마음이 통한 것이다. 이때 부처님과 가섭은 스승과 제자의 상하관계가 아니라 인간과 인간으로서 동등하게 만났다. 진정으로 마음이 통하는 친구 사이엔 별달리 말이 없다. 자기의 신세를 떠벌리거나 자기의 주장을 강요하지 않는다. 같이 있어도 자유롭다. 어떤 겉치레나 보비위 없이 있는 그대로의 마음을 드러낼 수 있기 때문이다.

모든 것은 마음이 만든다. 마음이 없으면 세상을 느낄 수 없다. 마음은 삶의 전부다. 마음이 있어서 배가 고프고 마음이 있어서 졸린다. 마음이 있어서 씨앗에 싹이 트고 마음이 있어서 천재지변이 일어난다. 마음이 있어서 선이 존재하고 마음이 있어서 악이 존재한다. 마음이 있어서 출세하고 싶고 마음이 있어서 도피하고 싶다. 마음이 있어서 서로 싸우고 마음이 있어서 서로 화해한다. 마음이 있어서 소통하고 마음이 있어서 갈등한다. 마음으로 과거를 보고 마음으로 미래를 본다. 육신은 죽어도 마음은 죽지 않는다. 설령 내 마음이 죽더라도 남의 마음은 남아 있다. 마음은 인간의 육체와 문명을 사통팔달로 드나들며 스스로를 드러낸다.

마음 밖에서는 아무 일도 일어나지 않는다. 아무리 아름다운 극락도 아무리 끔찍한 지옥도 결국 마음이 상상해낸 산물이다. 실재하지 않는다. 역사상의 위인들은 죄다 죽어간 혼령이다. 우리는 그들에 관한 기록을 보고 그들이 존재했었음을 인지한다. 그들은 마음속에만 살아 있을 뿐이다. 먼 나라의 외인들뿐만 아니라 가장 가까이 있는 피붙이도 마음이 없으면 알아보지 못한다. 마음이 이토록 절대적인 역할을 하기에 마음이 부처라는 것이다. 그리고 이러한 마음을 모두가 지녔기에 모든 중생은 부처다. 인간이 부처다.

그러나 가슴을 칠 만한 진실. 마음은 모든 것을 만들지만 마음은 모양이 없다. 이것이 인생의 모순을 빚는다. 마음을 붙잡을 수 있다면 마음의 통제도 가능할 것이고 번뇌도 수월하게 다스릴 수 있을 텐데 말이다. 그래도 불행 중 다행인 것이 누구나 마음을 쓸 줄은 안다는 것이다. 보고 듣고 묻고 답하며 마음을 쓴다. 밥을 먹고 책을 읽고 사람을 만나며 마음을 쓴다. 마음을 잘 쓰면 유쾌해진다. 마음을 소박하게 쓰면 삶이 단순해진다. 반대로 마음을 못 쓰면 곤욕스럽다. 마음에 자꾸 생각을 박고 새기면 삶은 복잡해진다. 우리를 보다 강하고 보다 질기게 괴롭히는 건 괴로웠던 사실이 아니라 괴로웠다고 여기는 회한이다. 말이 필요 없는 사이가 참된 우정인 것처럼 생각이 필요 없는 마음이 참된 마음이다.

## 마음을 꺼내놓으라

> 부처나 깨달음을 찾으려 애쓰는 것은 손으로 허공을 잡으려는 것과 같다. 허공은 이름만 있을 뿐 모양이 없다.
> 佛及菩提皆在何處 譬如有人以手捉虛空得否 虛空但有名 亦無相貌
>
> 보리달마 《혈맥론》

부처님이 가섭에게 전한 심법心法은 오랜 세월 동안 세대와 세대를 거치며 전승됐다. 중국의 선종을 창시한 보리달마가 28대조였다. 보리菩提란 깨달았다는 뜻이며 달마 역시 불법佛法을 의미하는 다르마Dharma의 음차다. 종파의 초조初祖를 기리는 예우의 표시다. 27조 반야다라에게서 법을 이어받은 달마는 포교를 위해 중국으로 건너갔다. '달마가 동쪽으로 온 까닭은[祖師西來意]?' 그 유명한 화두의 시작이다.

달마가 동쪽으로 왔을 때 당시 중국불교의 풍토는 귀족화가 대세였다. 절을 짓고 경전을 펴내고 교단을 넉넉히 후원하고…, 부처님을 이해하기보다 부처님을 꾸미는 데에만 열중하고 있었다. 화려한 형식에 매몰된 교단의 현실에 실망한 달마는, 외딴 절 소림사에 여장을 풀고 벽관壁觀에 돌입

했다. 세속과 단절한 채 일절 말을 하지 않았고 벽만 바라봤다. 그렇게 9년을 살았다. 벽관은 외물外物에 현혹되지 않으려는 극진한 각오였고 속된 세상을 향한 무언의 시위였다.

달마의 침묵을 깬 이는 신광神光이라는 스님이었다. 그는 나이 사십에 달마를 만나 스승으로 모셨다. 신광이 소림사를 찾았을 때 달마는 얼굴도 내밀지 않았다. 눈이 허리까지 쌓인 밤, 자신의 팔을 끊어 보이고서야 기어이 달마의 마음을 움직일 수 있었다. 그는 팔을 자르는 고통 따윈 아랑곳하지 않을 만큼 끔찍한 번뇌에 시달리고 있었다.

"저는 마음의 평화를 구할 수 없습니다. 아무쪼록 스님께서 도와주셨으면 합니다."
"너의 불안한 마음을 내게 가져와라. 그러면 해결해주겠다."
"……마음을 아무리 찾아도 찾을 수 없습니다."
"찾을 수 있다면 어찌 마음이겠느냐. 나는 이미 너에게 마음의 평화를 수었다."

익히 알려진 안심법문安心法門이다. 달마는 마음의 실체란 없고, 마음이 없으니 고통스런 마음도 있을 수 없음을 확인시켜줬다. 곧 행복이든 불행이든 괜한 집착과 망상이 빚어낸 허깨비임을 일깨우면서 신광의 번뇌를 일거에 씻어주었다. 달마는 그 자리에서 신광에게 혜가慧可란 법명을 내리고 법통을 잇게 했다. 중국 선종사 최초의 전법傳法이다.

위의 문답에서 혜가의 심적 압박감이 엄청나게 심각했음을 엿볼 수 있다. 항간에는 혜가가 자신의 팔을 직접 자른 게 아니라 산에서 만난 도적에게 잘린 것이란 이설이 전한다. 그리고 도적은 단순한 흉악범이 아니라 조직적으로 훼불毁佛을 일삼던 테러집단이었으리란 추측이다. 혜가는 남북조시대 북주北周의 3대 황제였던 무제武帝가 단행한 폐불廢佛의 시대를 살았다. 사찰과 불상에 불을 지르고 승려들을 무더기로 학살하던 피와 비명의 날들이다. 혜가 역시 절대 권력의 무자비한 칼날에 피해를 당했을 법도 하다. 이도 저도 아니라면 단비斷臂는 일생일대의 끔찍한 시련 혹은 삶의 근원적 비극성에 관한 비유일 수도 있다. 누구나 살다 보면 며칠 동안 끼니를 굶고 잠을 못 자면서 고통스러운 감정에 휩싸일 때가 있다. 그리고 미칠 것 같은 현실에서 벗어나게 해 줄 절대자나 성인을 찾게 마련이다. 혜가는 참담한 실존을 견딜 방법을 달마에게 물은 것이다.

'그 아픈 마음을 가져오라.' 달마는 괴롭다는 생각이 도리어 병을 키운다고 다독였다. 우리가 날마다 체험하는 이런저런 사실들은 감정을 갖고 있지 않다. 기쁠 것도 슬플 것도 없이 그냥 그런 것일 따름이다. 다만 힘들다고 하는 생각이 사람을 녹초로 만든다. 마음은 실체가 없다는 가르침, 특별한 감동은 없지만 분명한 사실이다. 달마는 이것으로 마음이 없음을 알지 못하고 마음놀음에 이리저리 휘둘리는 삶을 차분하게 가라앉혔다. 눈이 휘둥그레질만한 기적을 행하진 않았지만 말 한마디로 사람을 살렸다. 있지도 않은 것에 괴로워 말고 즐거워 말라. 오직 자유.

## 무심無心이 진심眞心이다

"어째서 이처럼 보기가 어렵습니까."
"너무 가깝기 때문이다."

僧問 得恁麼難見 祖曰 只爲太近

현사 사비(玄沙師備) 《전등록》

어느 날 대중이 모여앉아 수박을 먹고 있는데 만공滿空 스님이 나뭇가지에서 매미가 우는 소리를 듣고 말했다. "매미를 가장 빨리 잡아 오는 사람에게는 수박 값을 받지 않겠지만, 못 잡아 오면 천 원씩 받아야겠다." 이 말에 어떤 스님은 매미 잡는 시늉을 했고, 어떤 스님은 매미 우는 소리를 냈다. 잠자코 주먹을 내밀기도 했다. 매미를 잡아 오랬는데 다들 딴 짓이다. 만공 스님은 그들에게 모두 천 원을 받았다. 그러자 다른 스님이 앞으로 나섰다. 바닥에 원을 그린 뒤 말하기를 "상 가운데는 부처가 없고, 부처 가운데는 상이 없습니다[相中無佛 佛中無相]." 퍽 멋들어진 대답이었지만 실속은 없었다. 스승은 고개를 저었고 에누리 없이 천 원을 내놓아야 했다. 때마침 보월 스님이 들어오자 만공 스님이 같은 질문을 던졌다. "자네는 어떻게 하겠는가?" 보월 스님은 아무 말 없이 즉시 호주머니에서 천 원을 꺼내 만공 스님에게 바쳤다. 만공 스님이 말했다. "자네가 내 뜻을 알았네."

보월 스님을 제외한 나머지 제자들은 마음에 자꾸 '상相'을 내고 있다. 공부깨나 했다는 자만심으로 이런저런 작위를 연출한 것이다. 반면 보월 스님은 '무심無心'으로 스승의 마음을 얻었다. 무심이란 이렇다 저렇다 생각을 내지 않는 일이고, 생각을 내지 않는다는 생각도 없는 마음의 본래 자리다. 보월 스님의 행동은 지금 이 순간의 마음을 가식이나 조작 없이 있는 그대로 드러내는 게 진실임을 일러주고 있다. 즉불即佛이다. 지금 그대로가 부처이고 지금 그대로를 느끼는 것이 부처다. 가깝다는 표현도 모자라다. 손톱만큼의 차이도 없다.

## 행복은 불행이 보낸 천사

지극한 도는 어렵지 않으니 오직 가르고 고르는 일을 꺼리면 된다.
미워하고 사랑하지만 않으면 진실이 명백하게 드러날 것이다.
至道無難 唯嫌揀擇 但莫憎愛 洞然明白

감지 승찬(鑑智僧璨)《신심명(信心銘)》

선종의 제삼조인 승찬은 문둥이였다. 그는 괴질怪疾이라는 육체에서 오는 고통보다 천형天刑이라는 관념에서 오는 고통에 더욱 몸서리쳤다. 세인들은 문둥병이 하늘이 내린 저주라는 인습에 사로잡혀 있었다. 손발이 문드러지는 통증에 치를 떠는 환자를 위로하기는커녕 내치고 욕했다. 승찬은 큰스님의 도력이 깃들면 다음 생에라도 죄업을 씻을 수 있을까 싶어 혜가를 예방했다.

"저는 몸에 지독한 병고가 들었습니다. 아무쪼록 스님께서 참회해주십시오."
"죄를 가져와라. 그러면 참회해주겠다."
"…… 죄를 아무리 찾아도 찾을 수 없습니다."

"너의 죄는 모두 참회되었으니 앞으로는 불법승에 의지해 살아라."

"제가 지금 스님을 뵈니 승보僧寶인 줄은 알겠으나 불보佛寶와 법보法寶는 무엇입니까."

"마음이 부처(불보)요 마음이 부처님의 가르침(법보)이라. 불보와 법보가 둘이 아니니 승보도 그러하니라."

"저는 오늘에야 비로소 죄의 성품이 안팎이나 중간에 있지 않고, 마음이 그렇듯이 불보와 법보가 둘이 아님을 알았습니다."

혜가는 스승인 달마에게서 배운 대로 승찬을 가르쳤다. 승찬은 문둥병이 자신의 육체에 깃든 '현상'일 뿐 하늘이 내린 '형벌'이 아님을 깨우쳤다. 천형이란 스스로를 하찮게 여기는 자신과 남 흉보기 좋아하는 세상이 작당해 만들어낸 편견이었던 것이다. 이렇다 저렇다 마음을 쓰지 않으면 천형이라는 편견은 사라진다는 가르침에, 승찬은 고통에서 해방됐다. 무심無心이면 무고無苦였다. 누구의 육체든 시간이 지나면 허물어지는 게 이치다. 승찬은 자신의 몸이 시간과 조금 더 친했을 뿐이라는 깨달음을, 온전한 육체와 맞바꿔 얻은 셈이다.

승찬의 깨달음은 그의 신세가 바닥을 쳤기에 나타난 결실이다. 승찬의 스승은 어쩌면 혜가보다 고통이 먼저다. 고통은 내가 나임을, 나일 수밖에 없음을 뼈저리게 가르쳐준다. 내가 초췌하고 무의미해질 때, 세상이 낯설고 두려워질 때 고통을 느낀다. 하지만 그러한 고통이 나를 직시하게 하고 세상을 존중하게 한다. 주변을 돌아보게 하고 진실을 묻게 한다. 승찬의 경우를 보면 고생을 사서 할 필요까진 없겠지만 그렇다고 무작정 피할 일은 아닌 것 같다. 물론 피한다고 피할 수 있는 게 아니지만.

자아와 세상을 눈여겨보면 자아와 세상이란 걸 깨운 마음이 보인다. '마음은 내 몸을 통해 얼마나 많은 죄를 저질렀고 얼마나 많은 복을 싹틔웠는가. 그 무수한 승패를 셈할 수 있는가.' 자문하게 된다. 비로소 아무리 낮고 헐한 마음도 아무리 높고 성한 마음도 그저 마음이란 것을 알게 된다. 아무리 기쁜 마음도 결국엔 빈털터리가 되고 아무리 슬픈 마음도 기어이 제자리로 되돌아온다. 난 것은 반드시 죽고 죽은 것은 반드시 되살아난다는 인연의 법칙은 삶의 구석구석 서슬이 퍼렇게 살아 있다. 행복은 불행이 보낸 천사이고 불행은 행복이 보낸 악마다.

똥을 닦고 걸레를 빨고 남의 물건을 도둑질하던 손으로 밥을 먹고 밭을 갈고 부처님 앞에 꽃을 공양하는 것, 그것이 인생이다. 상황에 따라 쓰임새가 달라질 뿐이다. 비교하고 차별하지 않으면 나도 남도 늘 평안하다. 기뻐할 것도 슬퍼할 것도 우쭐댈 것도 기죽을 것도 없다.

## 약을 많이 먹으면 병이 나을까

---

내 마음에 스스로 부처가 있으니 이것이야말로 진짜 부처다.

我心自有佛 自佛是眞佛

조계 혜능 《육조단경》

---

이조 혜가가 받은 달마의 법은 삼조 승찬, 사조 도신道信을 거쳐 오조 홍인弘忍에게 계승됐다. 특히 오조에서 육조로 법이 넘어갈 때 선종의 역사를 뒤흔드는 일대 파란이 일어났다. 홍인이 수제자 신수神秀를 제쳐두고 글조차 읽을 줄 몰랐던 혜능慧能에게 자신의 의발衣鉢을 건넸던 것이다. 혜능은

절에 몰래 숨어들어와 허드렛일이나 하던 행자였다. 의발이란 가사를 비롯한 승복과 밥그릇인 발우를 뜻한다. 스승이 갖고 있던 의발을 줬다는 건 제자에게 자신의 행세를 하고 다녀도 좋다고 허락한다는 의미다. 곧 깨달았음을 인정한 것이다.

홍인과 혜능 사이의 전법은 한 집안의 막대한 재산이 맏아들이 아니라 한낱 머슴에게 돌아간 격이었다. 제자들이 혜능을 가만두지 않으리라 여긴 홍인은 그를 대륙 남쪽으로 멀리 보내버렸다. 중국 선종이 신수 계열의 북종선北宗禪과 혜능 계열의 남종선南宗禪으로 나뉘는 갈림길이었다. 이 갈림길에서 이른바 조사선祖師禪이 태어났다. 조사선은 보리달마가 싹틔워 육조인 혜능이 완성한 수행법이다. 견성성불見性成佛의 방법으로 교외별전敎外別傳과 불립문자不立文字를 주장했다. 깨달음의 문자화·형식화·교조화에 반발하며 지금 이 순간 삶의 면면이 그대로 진리임을 강조한 것이다. 혜능의 설법은 《육조단경》에 수록됐다. 《육조단경》은 부처님의 친설이 아님에도 '경經'이라고 불린다. 선종사에서 혜능의 위치가 가히 절대적임을 보여주는 단면이다.

혜능은 지식의 부피와 지위의 높이, 스승과의 친소관계

등 어느 면을 따져 봐도 신수에게 도저히 필적할 수 없는 상대였다. 그럼에도 법통이 그에게 승계된 이유는 마음의 본질을 정확하게 간파했기 때문이다. 혁명적인 전법은 신수의 게송에서 발단이 됐다. 신수는 자신이 생각하는 깨달음을 다음과 같이 표현했다.

몸은 깨달음의 나무요 마음은 밝은 거울과 같으니, 때때로 부지런히 털고 닦아서 티끌과 먼지가 묻지 않게 하라.
[身是菩提樹 心如明鏡臺 時時勤拂拭 莫使有塵埃]

신수는 마음을 거울에 빗대고 있다. 본래 명경처럼 깨끗한 마음이지만 티끌이나 먼지와 같은 무명無明에 덮여 참다운 불성이 드러나는 걸 방해한다는 것이다. 곧 욕심이나 분노, 어리석음 따위의 이물질이 묻지 않도록 열심히 수행해야 한다는 게 요지다. 여기서 말하는 수행이란 불교의 기본적인 수행론인 계·정·혜 삼학으로 갈음할 수 있겠다. 경전을 꾸준히 읽고 좌선에도 적극적으로 임하며 계율도 금과옥조로 여겨 철저히 지키면 마침내 부처가 된다는 것이다. 반면 경전을 읽지 않고 좌선에 게으르며 계율을 거부하면 절대 부처가 될 수 없다는 암시를 품고 있다.

결국 신수의 공부에 관한 입장은 부처의 바람직한 모습을 설정하고 거기에 어울리지 않는 비非부처를 제거하는 일이다. 선善을 오염시키는 악惡을 없애고, 정正을 타락하게 하는 사邪를 차단하는 일이 신수가 말한 수행의 과정이다. 우리에게 익숙한 이분법의 논리다. 마음이 반질반질한 자일수록 군자로 대접받고, 티끌과 먼지를 많이 걷어낸 자일수록 성현으로 존경을 받는다. 신수의 게송은 세간의 상식에 입각해 있었고, 사람들은 게송의 훌륭함을 칭찬했다. 하지만 약을 많이 먹는다고 병이 낫는 건 아니다.

오직 혜능만이 남녀노소 애송하고 다니던 게송에 이의를 제기했다. 글을 몰랐던 그는 남에게 대필을 시켜가며 '댓글'을 달았다. '남쪽에서 온 오랑캐가 어찌 부처가 될 수 있겠느냐'며 짐짓 떠보던 스승에게 '사람은 남북이 있지만 불성은 남북이 없다'며 대들던 혜능이었다. 그는 기만과 위선을 도저히 용납할 수 없었다.

깨달음에는 본래 나무가 없고 밝은 거울 또한 틀에 얽매이지 않는 것. 본래 한 물건도 없거늘 어느 곳에 먼지가 일어나리오.

[菩提本無樹 明鏡亦非臺 本來無一物 何處惹塵埃]

깨달음이니 번뇌이니 모두 마음놀음에 지나지 않는다는 비판이다. 혜능은 깨달음에 나무가 어디 있고 마음에 거울이 어디 있느냐고 되물었다. 있지도 않은 거울에 어떻게 먼지가 끼느냐고 쏘아붙였다. 눈으로 볼 수도 없고 손으로 잡을 수도 없는 마음인데 무슨 수로 광을 내느냐는 면박이다. 신수는 마음을 실체로 간주했다. 보이지도 않는 마음을 닦을 수 있다고 했다. 마음을 닦지 않으면 괴롭고 마음을 닦으면 행복할 것이라 장담했다. 천 번 닦은 이가 백 번 닦은 이보다 훌륭하다는 속뜻도 내포하고 있다. 마음에 '점수點數'를 매긴 것이다. 중생들의 선행과 근신을 장려하기 위한 방편일 수도 있다. 본의가 아닐지는 몰라도 어쨌든 분별과 집착을 부추긴다.

세상의 모든 것은 마음이 만들어낸 물거품이다. 깨달음의 나무란 것도 마음의 거울이란 것도 잠깐 일어났다 꺼지는 환영이다. 존재하지도 않은 것에 연연할 필요는 없다. 마음에 떠오른 어떤 생각을 가지고 마음을 파악하려는 일은 '강아지'라고 적은 종이에 먹이를 주는 일과 같다.

차별과 경쟁에 닳고 닳은 중생들은 마음에도 명품이 있을 것이라 믿는다. 부처의 마음과 중생의 마음은 머리부터 발끝까지 다를 것이라 생각한다. 부처가 되면 신세가 피고 세상이 바뀌리라 기대한다. 그러나 본래 한 물건도 없다. 부처와 중생이란 개념은, 잘났다 못났다는 비교는, 기존의 가치와 규범에 따라 살아오면서 자기도 모르게 생성된 관념이다. 남이 정해놓은 틀에 스스로를 옥죈다. 본래 한 물건도 없다는 혜능의 가르침은 이러한 편견으로부터의 해방을 일깨우고 있다. 아무것도 가진 게 없는 혜능이었다. 오히려 그랬던 덕분에 존재의 무게로부터 자유로웠던 모양이다. 원래 병이란 없다.

## 깨달아서 뭐하려고?

"원숭이를 붙잡아 둘 수 없습니다. 바라옵건대 가르침을 내려주십시오."
"그걸 붙잡아서 뭐 하려고? 물 위에 바람이 불면 물결이 생기는 것과 같네."

胡孫子捉不住 愿垂開示 師曰 用捉他作什麽 如風吹水 自然成紋

파암 조선(破菴祖先) 《속전등록(續傳燈錄)》

번뇌는 열반이 있다는 생각에서 나타난다. 모든 존재는 차이를 통해 자신을 드러낸다. 검은색이 검은색인 것은 흰색이 있기 때문이고 군인이 군인인 것은 민간인이 있기 때문이다. 만약 세상이 암흑으로 꽉 채워져 있다면 암흑은 특별한 이름을 부여받을 수 없다. 검은색이란 건 애당초 존재하지도 않았을 것이다. 어쩌면 모든 인류가 군인이었다면 전쟁도 일어나지 않았을 것이다. 고작 탱크나 군복 따위를 훔치겠다고 남의 나라에 쳐들어가는 건 아니니까.

차이는 실재하는 것처럼 보이지만 마음이 빚어낸 형상이나 관념이다. 눈에 그렇게 보일 뿐이지 원래 그런 건 아니다. 눈에 보이는 대로 판단했을 뿐이지 원래 그렇게 생겨먹은 건 아니다. 눈으로 모양을 식별하고 물·바람·물결이라고 따로 이름 붙이기 전의 현상과 눈으로 자아와 자아 밖의 것을 구별하고 자아·마음·부처라고 규정하기 이전의 현상은 동일하다. 연속되는 삶과 죽음도 마음에 일어났다 꺼지는 물결에 지나지 않는다.

제자는 번뇌가 실재한다고 보고 번뇌와는 정반대인 열반에 이르려고 노력한다. 열반을 '소유'하려고 한다. 스승은 그것의 부질없음을 지적하고 있다. 깨달음을 그저 물 위에 바람이 불면 물결이 생기는 현상과 똑같은 것으로 여기라고 당부한다. 바람이 불지 않으면 물결이 생기지 않는다. 번뇌라고 생각하지 않으면 열반이란 개념도 소멸한다. 열반에 이른 뒤 번뇌에 다시 떨어지지 않기 위해 전전긍긍하는 삶이 행복할 것인가 아니면 번뇌와 열반이 본래 없음을 알고 괘념치 않는 삶이 행복할 것인가. 물과 바람과 물결은 손에 쥘 수 없다. 설령 붙잡을 수 있다손 그것들로 무슨 대단한 일을 할 수 있을까.

물론 차이를 무시하는 사람은 생존이 불가능하다. 똥인지 된장인지 구분하지 못하고 마구 먹어대는 이에게는 건강이 발붙이지 못한다. 차이를 존중하지 않으면 문명도 성립될 수 없었다. '이전보다' 나은 기술과 '이전보다' 옳은 제도에서 볼 수 있는 것은 차이라는 관념의 유용성이다. 대상이 실재한다고 여기고 거기에 연연하는 상견常見도 안 되고, 대상이 실재하지 않는다는 단정 하에 허무주의로 일관하는 단견斷見도 안 된다. 차이를 맹종하는 사람도 차이를 외면하는 사람도 균형감 있는 삶을 꾸리기가 어렵다. 선사들은 깨달음이 있다고 해도 틀리고, 없다고 해도 틀리다고 말한다. 있다고 하든 없다고 하든, 마음에 하나의 물건을 세우는 일이다. 마음에 물건이 거치적거리면, 쑤신다.


## 어둠도 빛이다

마음 마음 마음이여, 알 수 없구나. 너그러울 때는 온 세상을 다 받아들이다가도 한번 옹졸해지면 바늘 하나 꽂을 자리 없으니.

心心心難可尋 寬時遍法界 窄也不容針

보리달마 《혈맥론》

아무리 끔찍한 천재지변이라도 사람을 고의로 해치는 법은 없다. 사람은 작심하고 칼을 쥔다. 열길 물속에 빠져 죽는 일보다 한길 사람 속에서 빠져 죽는 일이 더 잦다. 열길 물속은 파헤치고 파헤치면 그래도 끝이 보인다. 한길 사람 속은 종적조차 없다. 사람은 대개 사람에 의해 횡사한다. 그러나 사람을 죽이는 것도 사람이지만 살리는 것도 사람이다. 생판 남의 목숨을 구하고 대신 죽는다. 나무들이 고작 발바닥 밑의 양분을 빨아먹을 때 인간은 우주와 교신한다. 인간은 마음을 지녔기에 위험한 짐승이다. 그러나 위험한 만큼 강력한 희망을 기대할 수 있는 게 인간이다.

 왕자웨이王家衛 감독의 영화 《화양연화》에서 리첸은 모완에게 "나를 사랑하느냐"고 묻는다. 의례적으로 대답은 '사랑한다'와 '안 한다' 두 가지로 갈린다. 하지만 모완은 무척이나 진부한 '사랑한다'와 '안 한다'의 사이로 기가 막힌 밀어蜜語를 날렸다. "나도 모르게." 내 마음은 나도 모른다. 하지만 내 능력 밖에 있어서 나를 뛰어넘는 능력을 발휘하기도 한다. 마지막까지 믿을 수 있는 건 스스로의 마음뿐이다. 부처님 또한 내가 그를 부처님으로 알아봐야 비로소 부처님이 된다.

존경받는 강백인 무비 스님은 늘 '인불人佛'을 강조한다. '사람이 곧 부처님'이라는 것이다. 데바닷타는 불교사에서 악의 화신으로 낙인찍힌 인물이다. 원래 부처님의 제자였으나 훗날 부처님을 배반하고 교단의 분열을 시도했다. 인도 마가다국의 왕자를 꾀어 아버지를 죽이고 왕위에 오르게 했다. 결국엔 부처님까지 암살하려 했던 패륜의 대명사다. 그럼에도 부처님은 데바닷타의 극악한 죄에 대해 일절 추궁하지 않았다. 외려 대중이 모인 자리에서 그에게 수기授記를 내렸다. 수기란 이 사람이 어느 때엔가는 반드시 부처가 될 것이라고 부처님이 보증하는 의식이다. 천인공노해야 마땅할 데바닷타조차 존귀한 인간이라고 선언한 것이다. 무비 스님은 데바닷타의 사례를 소개하며 인간에 대한 절대적인 긍정이 바로 부처님의 마음이라고 말했다.

"사람은 자비로 충만하고 엄청난 능력을 지닌 고귀한 존재다. 반면 가장 깊고 뜨거운 탐욕의 도가니에서 허우적대는 것도 사람이다. 무명은 무명대로 지혜는 지혜대로 부처님이다. 번뇌를 못 이기는 사람도 병고에 시달리는 사람도 부처님이다. 있는 그대로의 모습이 바로 부처님이다."

물론 사람마다 개인차는 있다. 잘난 사람도 못난 사람

도 착한 사람도 악한 사람도 있기 마련이다. 그러나 스님은 이러한 개인차를 심각하게 받아들여서는 안 된다고 지적했다. 그저 촉수가 다른 전구처럼 여겨야 한다고 주문했다.

"30촉짜리 전구는 100촉짜리 전구보다 어두워 무명에 싸인 듯 보인다. 그러나 사실은 그 역시 빛을 발하고 있는 것이다. 깨달은 눈으로 보면 부처 아닌 이가 없다."

어둠도 빛이다.

## 마음, 세상의 모든 것

> 세인의 성은 본래 깨끗하고 만법은 자성에 존재한다.
> 世人性本自淨 萬法在自性
>
> 조계 혜능 《육조단경》

혜능은 '마음은 광대하여 마치 허공과 같다[心量廣大 猶如虛空]'고 했다. '허공은 일월성신을 품을 수 있다. 산하대지, 일체 초목, 선인과 악인, 선법과 악법, 천당과 지옥이 모두 공 가운데 있다[虛空能含 日月星辰 大地山河 一切草木 惡人善人 善法惡法 天堂地獄 盡在空中]'는 것이다. 세계는 마음의 반영이고 마음의 총체가 세계라는 뜻이다. 인간은 보이는 것만 보고 들리는 것만 듣는다. 보이지 않는 것은 볼 수 없고 들리지 않는 것은 들을 수 없다. 보고 듣고 맡고 맛보고 만지고 생각하는 것들이 모여 세계를 구성한다. 마음을 거치지 않는 세계는 없다. 모든 것은 마음이 만들며 마음 밖엔 아무것도 없다. 마음은 세상의 모든 것이다.

    누구나 이러한 마음을 갖고 있다. 적어도 감정이 있는 유정물有情物들에게 마음은 숙명과 같다. 죽음을 두려워하고 삶을 좇는 것들이라면 너나없이 마음의 길을 따른다. 빌어먹는 사람에게도 부려먹는 사람에게도 마음은 있다. 마음에 기대어 세상을 바라보는 인간은 역시 마음에 기대어 스스로를 일으킨다. 부모마저 경멸하는 범죄자라 하더라도 참회를 통해 새사람으로 거듭날 수 있다. 불굴의 의지가 인간 승리를 연출한다. 부처님은 신이 아닌 사람이었고 당신의 깨달음은 왕궁이 아닌 벌판에서 솟구쳤다. 가장 굶주리고 아픈 몸과 가장 낮고 헐한 자리가 일군 열매가 깨달음이다. 그것은 땅에서 벌어진 일이었고 평범한 인간의 마음이 빚어낸 일이었다. 누구나 이러한 거사를 성공시킬 수 있다. 자신이 부처라는 확신을 가진 사람은 시련에 굴하지 않는다. 마음만 먹으면 못할 일이 없다.

　마음에 따라 움직인다는 점에서 중생과 부처는 하등의 차이가 없다. 중생은 곧 부처이고 부처는 곧 중생이다. 혜능 또한 불성佛性은 곧 인성人性이라고 말했다. 사람이 짓고 벌이는 생각의 양상이 부처의 그것과 다르지 않다는 것이다. 마음에 단계나 경중을 설정하지 않았다. 엄혹한 계급사회에서 모두가 똑같은 부처라며 인간을 해방시켰다. 성불의 길도 손바닥 뒤집듯 간단했다. 앞생각이 틀렸어도 뒷생각이 바르면 부처였다. 자기 자신이 부처라는 사실을 아는 것 외에 더 공부해야 할 내용은 없다. 하늘이 무너져도 즉불卽佛이다.

## 지엄아아, 법法 받아라아아아아!

한 생각에 깨닫는다면 중생이 곧 부처다. 찰나에 망념이 사라지면 스스로 진정한 선지식이며, 한번 깨달으면 곧 부처를 안다.

一念若悟 卽衆生是佛 刹那間 妄念俱滅 卽是自眞正善知識
一悟卽知佛也

조계 혜능 《육조단경》

조선시대 중기 벽송 지엄碧松智儼선사는 지리산 산골에 도인이 산다는 소문을 듣고 물어물어 찾아갔다. 도인의 이름은 벽계 정심碧溪正心. 일찍이 명나라로 유학해 임제종臨濟宗의 총통摠統화상에게서 깨달음을 인가받은 뒤, 고려 마지막 임금인 공양왕 재위 시절 귀국한 엘리트였다. 탄탄대로의 장래가 보장됐었지만 나라의 주인이 바뀌면서 눈앞은 캄캄해졌다. 군왕도 한부로 대하지 못하던 위신은 외려 꼭꼭 감춰야 할 오욕으로 역전됐다. '숭유억불'은 조선의 국시였다. 태종 이방원이 일으킨 대대적인 승려 검거 열풍을 피해 처음엔 김천 직지사에 은거했다. 거기서 발각되자 지리산까지 내달았다. 산 중턱에 움막을 짓고 광주리를 팔아 생계를 이으며 평범한 민초로 연명했다. 그래도 벽계의 명성을 익히 들어 알고 있던 벽송은, 그를 스승으로 받들며 위험한 도피행에 동참했다. 비록 처지는 곤란해졌지만 그가 진정 깨달았다면 언젠가는 번뜩이는 무언가를 보여 주리라 확신했기 때문이다. 꼬박 삼 년을 그렇게 살았다.

그러나 벽계는 자신의 진면목을 일절 드러내지 않았다. 밤에 잠깐 좌선을 한다는 점을 빼곤, 지루하고 허접한 장삼이사의 삶 그대로였다. 낙담한 벽송은 결국 성불을 포기한 채 움막을 박차고 나왔다. 잔뜩 토라진 청춘에게 입에 무어라도 넣어주어 달래야 할 순간이다. 산을 한참 내려와 개울 위의 징검다리를 건너던 벽송은 갑자기 스승이 뒤에서 자기를 부르는 소리를 들었다. 고개를 돌리니 두 팔을 번쩍 쳐들고 있는 벽계선사가 보였다. 그는 목이 터져라 이렇게 외쳤다.

"지엄아아! 법法 받아라아아아!"

이후 어처구니없도록 신기한 일이 벌어진다. 스승의 고함 소리 한 번에 벽송은 단칼에 모든 의심을 끊고 그 자리에서 해탈했다. 그리곤 도인송道人松이라고 불리던 소나무 밑에 좌선대坐禪臺를 설치하고, 앞으로 여기서 자기 말고 999명의 선지식이 더 나올 것이라 예언했다. 경남 함양에 있는 벽송사의 유래다. 포스트모더니즘 소설 같은 스토리다.

물론 벽계의 외마디 부름에 벽송이 견성한 사연은 돈오가 무엇인가를 보여주는 극명한 예다. 돈오頓悟는 즉불卽佛임을 인식하기 위한 방법론이다. 전체에 대한 순간적인 통찰이다. 퍼뜩 통째로 깨닫는 일이다. 지금 이 순간 자기 자신이 부처임을 일거에 간파하는 일이다. 돈오엔 논리적 인과관계가 성립되지 않는다. 오히려 이것저것 따지고 잰 만큼 깨달음과는 영영 멀어진다는 게 선사들의 일관된 입장이다. 돈오는 즉불과 더불어 조사선이 지닌 정체성의 골간을 이룬다. 즉불이 내용상의 파격이라면 돈오는 형식상의 파격이다.

보다시피 벽계는 벽송에게 특별히 가르친 것이 없다. 그저 제자와 함께 일상을 묵묵히 견뎌냈을 뿐 경전 한 구절 일러주지 않았다. 부처님의 법이 물건도 아닌데, 스승이 법을 받으라고 소리쳤다고 해서 제자가 법을 받았을 턱이 없다. 그럼에도 벽송은 깨달았다. 스승이 선사한 건 고함이라는 사소한 충격이 전부다. 그러나 벽송은 그 말 한마디에 더 이상 공부가 필요 없는 경지에 올라섰다. 낯설지만 놀랍다.

조사선은 즉각 깨달을 것을 요구한다. 단계와 과정을 인정하지 않는다. 허상이기 때문이다. 경험과 지식을 통해 꾸준히 쌓은 지혜는 참된 지혜가 아니다. 그것은 삶의 부분 부분을 설명해줄 수 있을망정 삶의 전부를 속 시원하게 해결해주진 못한다. 조사선의 깨달음은 생각에 의한 인식이 아니라 느낌에 의한 각성으로 획득하는 것이다. 조계종 전 종정 퇴옹 성철退翁性徹 스님은 지해知解에 대해 '정법正法을 가로막는 맹독'이라고 비판했다. 지해란 알음알이다. 사유란 단어는 퍽 고결하지만 그 본질은 진리와 거리가 멀다. 마음에 자꾸 무언가를 얽고 섞는 일이기 때문이다. 생각하고 생각해봐야 '나의 생각'만 늘어날 뿐 '너의 생각'과는 자꾸만 더 멀어질 따름이다. 진실에 다가가지 못하고 세상과 화해할 수 없다.

돈오의 귀착은 무념無念이다. 마음은 인연의 출발이자 총체다. 만물은 마음이 만드는 것이며 그것이 세상의 전부다. 마음에 생각을 섞을수록 상황과 조건이 무시로 양산해내는 번뇌를 감내해야 한다. 웬만하면 얽히지 않는 게 바람직하다. 망상의 꾐에 속아 넘어가 마음에 패를 나누고 돈을 걸고 트릭을 쓰다 보면, 정법正法은 썩고 인생은 헌다. 진정 바른길은 정법을 윤내고 인생을 손질하는 것이 아니다. 정법이 아닌 외물이 알아서 썩을 때까지, 인생이 아닌 욕심이 자연스레 헐 때까지 그냥 내버려두는 것이다. 생각은 생각을 구원하지 못한다.

## 기왓장 깨지는 소리에 인생을 알아버렸네

> 삼십 년 동안 검을 찾던 나그네여, 하릴없이 꽃이 피고 지기 몇 년이었나. 복사꽃 한 번 본 뒤로 이제 다시는 의심하지 않네.
> 三十年來尋劍客 幾逢花幾抽板 自從一見桃花後 直如今更不疑
> 영운 지근(靈雲志勤) 《선문염송(禪門拈頌)》

영운 지근선사의 오도송悟道頌이다. 오도송이란 깨달음의 희열을 표현한 노래다. 복숭아꽃을 보자마자 삼십 년간 품어 왔던 의심이 단번에 사라졌다고 토로하고 있다. 찰나의 시간에 다시는 미혹迷惑에 떨어지지 않는 경지에 이른 것이다. 소 뒷걸음질이 쥐를 잡은 격이고, 이삿짐을 정리하다 수표를 발견한 격이다. 얼마나 통쾌할 것인가.

'돈頓'은 시간상의 재빠름을 나타내는 글자다. 조사선에서 깨달음은 순식간에 벌어지는 사건이다. 영운 지근선사와 같이 깨달은 경우는 일일이 열거하기 어려울 정도로 많다. 향엄 지한香嚴智閑은 어느 날 마당을 쓸다가 돌이 대나무에 부딪히는 소리를 듣고 개오開悟했다. 동산 양개洞山良价는 강을 건너다 물에 비친 자신의 모습을 보고 깨쳤고, 천녕 범기天寧梵琦는 성루의 북소리를 듣고 깨쳤다. 청허 휴정清虛休淨은 닭이 우는 소리를 듣고 깨쳤고, 고봉 원묘高峰原妙는 목침이 침상 아래로 굴러 떨어지는 소리를 듣고 깨쳤다. 모두가 찰나에 견성을 완료했다. 순간적이고 우연적이다. 혹자들은 돈오를 불가사의한 사건, 더 나아가 얼토당토않은 사기라고 깔본다. 모름지기 깨달으려면 시간적이고 내용적인 공력을 들여야 한다는 견인주의자堅忍主義者들도 어지간히 흉을 볼 것이다. 하지만 돈오는 해석도 설명도 용납하지 않는다. 그냥 보라는 것이다. 생각을 쉬면 보인다.

소동파는 중국 북송이 배출한 최고의 시인이다. 그는

문인 이전에 수행자였다. 늘 도에 대해 물었고 깨달음에 대해 궁리했다. 하지만 방대한 경전과 어록을 독파하고 수많은 선지식을 친견했지만 도무지 '한 소식'이 오지 않았다. 어느 날 평소 왕래하던 동림 상총東林常總선사를 만나 자신의 번민을 털어놓았다. 그러자 스님은 대뜸 "당신은 어찌 무정설법無情說法은 들으려 하지 않고 유정설법有情說法만 청하느냐"고 되물었다. 유정물은 생물, 무정물은 무생물을 뜻한다. 곧 스님의 이야기는 돌이나 물, 바람도 법문을 한다는 식이다. 스님의 말을 이해하지 못했던 소동파는 폭포수 앞을 지나다가 별안간 대오했다. 그는 심안心眼을 얻은 기적의 체험을 아래와 같이 읊었다.

계곡소리가 바로 부처님의 장광설이고[溪聲便是長廣舌]
산의 모습이 곧 부처님의 청정한 법신 아닌가[山色豈非淸淨身]
여래의 팔만사천 미묘법문을[如來八萬四千偈]
다른 날 어떻게 사람들에게 보이랴[他日如何擧似人]

2007년 2월 입적한 조계종 원로의원 정천 스님과 인터뷰를 한 적이 있다. 생전의 스님은 소동파의 일화와 함께 다음과 같은 법문을 들려주었다. '생각을 쉬면 마음이 보인다'는 게 요지였다.

"생각 이전의 세계가 바로 진공묘유眞空妙有야. 무언가가 있다고 생각하며 들뜨면, 동시에 없음의 괴로움이 솟아나지. 부처를 생각하니 그와 대비되는 중생이 저절로 나타나는 것이고. 생각 이전엔 유도 아니고 무도 아니고 부처도 없고 중생도 없어. 그것이 실상實相이지. 분별심으로 갈라지기 전엔 너도 나도 모두 부처야. 깨달음이란 부처가 온 우주에 충만해 있음을 느끼는 거야. 하지만 시커먼 안경을 쓰고 바라보니 삼라만상이 제대로 눈에 들어오겠나. 우리는 살면서 매일같이 부처님을 만나지. 다만 알아보지 못할 뿐이야. 부산 공기를 병에 담아와 그 병을 서울에서 열면, 부산 공기는 줄어들고 서울 공기는 늘어나겠는가. 불생불멸不生不滅. 진리는 늘어나지도 줄어들지도 않아."

## 본능적인 존중

> 깨달으면 본래 차별이 없고, 깨닫지 못하면 영원히 윤회한다. 한 생각 어리석으면 반야가 끊어지고, 한 생각 지혜로우면 반야가 생겨난다.
> 悟卽元無差別 不悟卽長劫輪回 一念愚卽般若絶 一念智卽般若生
>
> 조계 혜능 《육조단경》

돈오가 추구하는 순간성과 우연성의 공통점은 지해<sup>智解</sup>를 부정한다는 것이다. 지해는 이성에 의한 논리로 자아와 세계를 차근차근 해석해나가는 행위다. 그러나 그것은 해석일 뿐 진실이 아니다. 말이 되는 것과 말이 안 되는 것을 나누고 자신에게 이로운 것과 해로운 것을 가린다.

돈오는 지금 이 순간 자기 자신을 있는 그대로 느끼는 것이다. 자아와 세계를 꾸미거나 가리지 않고 온몸으로 받아들이는 것이다. 일체분별이 끊어지는 순간, 이 세상에 부처 아닌 것은 없다. 물론 모든 존재가 존귀하다는 상대적 차별의 개념은 아니다. 따로 이름붙일 만한 것이 없어서 그저 부처라 한 것이다. O이라 해도 무방하겠다. 학의 다리는 길고 오리의 다리는 짧다. 돈오는 학의 다리를 잘라 오리에게 덧붙여주어야겠다고 생각하지 않는 것이다. 길면 긴 대로 짧으면 짧은 대로 인정하는 것이다. 본능적인 존중이다.

## 고함과 몽둥이

대중들이여, 무릇 법을 위하는 자는 몸이 망가지고 목숨을 잃는 것을 두려워하지 말아야 한다. 나는 이십 년 동안 황벽선사 밑에 있으면서 세 차례 불법의 정확한 뜻을 물었다가 세 차례 전부 몽둥이로 얻어맞았다. 그러나 마치 쑥대로 살짝 스친 것 같았다. 지금 다시 한 대 얻어맞으려는데 누가 나를 위해서 때려주겠느냐.

師乃云 大衆 夫爲法者 不避喪身失命 我二十年 在黃檗先師處 三度問佛法的的大意 三度蒙他賜杖 如蒿枝拂著相似 如今 更思得一頓棒喫 誰人 爲我行得

임제 의현(臨濟義玄)《임제록(臨濟錄)》

선가에서는 혼자서 깨달았다고 믿는 것을 인정하지 않는다. 반드시 선지식이 인가를 해주어야 한다. 법거량法擧量은 깨달음을 판가름하는 방법이다. 스승이 제자가 지닌 법력法力의 무게를 잰다는 뜻이다. 스승과 제자의 대화는 일대일 즉 문즉답의 형식으로 이뤄진다. 사실 평가에 있어서 객관적 기준이란 없다. 지필고사를 치르는 것도 아니고 별도의 응시자격이 있는 것도 아니니까. 반면 이러한 특성에서 선종이 지향하는 평등성을 파악할 수 있다. 승속을 불문하며 수행의 기간 역시 따지지 않는다. 깨달음의 여부는 오직 스승의 양심적인 판단에 달려 있다. 철저하게 인격과 인격의 만남이다.

깨달았다면 모든 의심이 타파된 상태이니 어떠한 질문에도 막힘없이 대답할 줄 알아야 한다. 스승이 넌지시 화두를 던지며 운을 떼면 제자는 즉시 화두로 되받아쳐 부여받은 화두를 제압할 수 있어야 한다. 체면 차리고 예의 갖추며 덕담이나 주고받는 법거량은 없다. 절대 평등의 상태에서 벌이는 사제 간의 문답은 거칠고 기상천외하다. 혀로 성이 안 차면 주먹이나 방망이의 힘을 빌리기도 한다. 스승 이전의 무엇, 제자 이전의 무엇, 더 나아가 인간 이전의 무엇이 되어 소통하려면 어쩔 수 없는 일이었다. 말로 타이르는 건 약발이 시원찮다. 죄송하다, 다시는 그러지 않겠다… 그럴듯한 언변으로 응수하면 그만이다. 혀나 좀 굴리면 모면할 수 있는 곤경이다. 그러나 때리면 아프다. 진짜 아프면 반성해야겠다는 생각도 안 든다. 평소 까맣게 잊고 있었던 '나'라고 하는 존재가 와락 안겨든다. 부정할 수 없고 외면할 수 없는 통렬한 존재의 진실.

지인에게 배신을 당하거나 불의의 시련에 부딪혔을 때 곧잘 '뒤통수를 맞았다'는 표현을 쓴다. 뒤통수의 통증이 강할수록 증오심과 좌절감은 커지기 마련이다. 자신감을 잃기 쉽고 살아내기가 한층 팍팍해진다. 익숙했던 것들이 낯설어지고 만만했던 것들이 두려워진다. 한편으론 거기가 새로운 삶의 출발이다. 슬픔의 날들만큼 지나온 인생을 되돌아보고 과오를 뉘우치기에 적기도 없다. 다시 태어나리란 의지로 신중하고 성실하게 고난의 늪을 한 발 한 발 건너간다. 이러한 연유로 선가禪家에는 스스로 매를 자청하는 경우도 있다. '나는 맞아야 정신 차린다'는 넋두리에 서린 갱생을 향한 각오.

고려시대의 고승인 보조 지눌普照知訥선사는 '땅에서 넘어진 자, 땅을 딛고 일어선다[因地而到者 因地而起]'고 했다. 죽지 않고 살 것이라면, 제대로 살 것이라면 위기를 기회로 삼을 줄 알아야 한다는 충고다. 앞서 말한 대로 선가에선 스승이 제자의 깨우침을 재촉하기 위해 고함[할, 喝]과 몽둥이[방, 棒]를 활용하기도 했다. 제자들은 뒤통수를 맞고 순식간에 부처가 됐다. 돈오는 인식의 충격을 통한 각성이다. 할과 방은 돈오에 기름을 붓는 데 요긴한 도구였다.

할은 갈의 변음이다. '억!', '이얏!', '으악!'과 같은 외마디 고성이다. 선사들은 언어로 미치지 못하는 깨달음의 경지를 보여주거나, 언어로 깨달음에 대해 왈가왈부하는 습관을 질타하기 위해 할을 썼다. 오늘날 우리나라의 선원에서도 큰스님들이 법문을 마칠 때 크게 소리친 뒤 법상에서 내려오는 장면이 종종 목격된다. '임제할'이라는 말에서 보듯 임제 의현선사가 특히 애용했다.

《임제록》〈감변〉편은 할의 네 가지 종류에 대해 이야기했다. 언어적이고 개념적인 사유에 대한 집착을 끊는 금강왕보검金剛王寶劍, 제자의 삿되고 좁은 견해를 지적하는 거지금모사자(踞地金毛獅子 : 황금빛 털을 지닌 사자가 웅크리고 앉아 있는 모양), 제자의 근기를 시험해보기 위한 탐간영초(探竿影草 : 물고기를 유인하기 위해 어부들이 사용하는 풀이나 막대기)가 그것이다. 마지막 할은 독특하게도 할의 작용을 하지 않는 할이다. 한 스님이 무어라고 말하려 하니 임제선사는 즉각 '할!'이라고 내뱉는다. 결국 할은 분별심을 차단하기 위한 수단이고, 분별심을 차단했다는 분별심마저 베어버리는 칼이다.

방은 봉의 변음이다. 주장자拄杖子나 죽비竹篦로 제자를 내려치는 행위를 가리킨다. 제자들의 미혹을 깨뜨리기 위한 교화의 방편이다. '덕산방'이라는 말에서 보듯 덕산 선감德山宣鑑선사의 '필살기'였다.

청대淸代의 삼산 등래三山燈來선사가 편찬한 《오가종지찬요五家宗旨纂要》는 방의 여덟 가지 기능에 대해 설명하고 있다. 제자의 어리석음을 일깨우기 위한 벌방罰棒으로 선禪의 진면목을 보여주기 위한 촉령지현방觸令支玄棒, 제자의 됨됨이를 살펴 바른 깨달음으로 이끌기 위한 접기종정방接機從正棒, 아프게 내려침으로써 번뜩 깨닫게 하는 고현상정방靠玄傷正棒, 제자가 깨달았음을 인정해주는 인순종지방印順宗旨棒, 수행의 허와 실을 가리는 취험허실방取驗虛實棒, 제자의 어리석음을 아프게 일깨우는 고책우치방苦責愚癡棒, 범부와 성인의 구별을 초월해 지고의 경지를 나타내는 소제범성방掃除凡聖棒을 일컫는다. 이밖에 맹가할방盲枷瞎棒은 성격이 좀 다른데, 바른 안목이 없는 선사가 마구 남발하는 '주먹질'을 비꼬는 일침이다.

할이나 방이나 정신이 번쩍 들게 하는 특징을 가졌다. 고통이 몸으로 극렬하게 저며 온다. 생각으로 해결할 수 있는 성질의 것이 아니다. 벼락 같은 괴성을 듣거나 무언가에 얻어맞았을 때, 강렬한 느낌만 있을 뿐 아무런 생각도 일어나지 않는다. 할과 방은 사유와 언설이 단숨에 끊어진 자리로 득달같이 인도한다. 무無인 동시에 무라고 명명한 또 다른 유有도 없는 절대 허공의 경계에서 존재의 실상을 똑똑히 응시하라는 경책이다. 이것과 저것, 시간과 공간, 삶과 죽음이 무더기로 응축된 '총체적인' 순간 속에 뛰어들라고 재촉한다. 찰나의 아픔 속에 깃든 영원한 실존의 문제에 투신하라고 몰아세운다.

물론 '맹가할방'이라는 비판에서 나타나듯 형식적인 할과 방은 되레 병을 키운다. 걸핏하면 윽박지르고 걸핏하면 때리는 일은 상습적인 폭력에 지나지 않는다. 할과 방은 깨달은 사람이 깨닫고자 하는 사람에게 줄 때에만 유효하다.

## 지금 당장 놓아라

> 지난해 가난은 가난이 아니고 금년의 가난이 진짜 가난이네. 작년의 가난은 바늘 꽂을 땅이라도 있더니 금년의 가난은 바늘마저 없구나.
> 去年貧未是貧 今年貧始是貧 去年貧猶卓錐之地 今年貧錐也無
>
> 향엄 지한(香嚴智閑)《사가어록(四家語錄)》

갈수록 심각해지는 생활고에 대한 푸념이다. 보건복지부는 지난 2006년 11월 최근 10년[1995년~2004년]간 한국의 자살률에 관한 통계를 발표했다. 핵심은 '자살률이 경제력에 반비례한다'는 것. 부촌보다 빈촌에서, 도시보다 농촌에서 자살이 더 많이 발생했다. 바늘마저 잃어버리기 전에 서둘러 제 목을 찌르고 만 셈이다. 사무치게 가난한 사람들에게 '행복지수 1위 국가가 방글라데시더라'는 보도는 테러다.

자본주의 사회의 주인은 말 그대로 인간이 아닌 자본이다. 지갑의 두께와 아파트의 넓이와 가방 끈의 길이로 사람의 됨됨이를 평가한다. 가진 것이 얇고 좁고 짧을수록 푸대접을 받는다. 개처럼 죽지 않으려고 개처럼 번다. 그러나 개처럼 벌어도 정승처럼 쓸 수 있는 사람은 극소수에 불과하다. 한 사람이 행복하려면 아흔아홉 사람이 행복을 포기해야 하는 체제.

도를 깨친 선지식들은 세속과는 전혀 다른 방식으로 행복을 추구했다. 무소유. 아예 가지질 않았다. 돈이 똥보다 더 더럽다는 걸 알았기 때문이다. 마음이 돈과 놀아날 때 당해야 할 치욕과 불안이 두려웠던 탓이다. 모두가 천국을 그리워할 때 홀로 지옥의 행방을 쫓았다. 가진 게 많을수록 겁도 많은 법이다. 극단적인 염결 속에서 그들은 당당하고 자유로웠다.

물론 정말 찢어지게 가난하다면 노래할 기력도 남아 있지 않았을 것이다. 향엄이 이야기하는 가난은 번뇌의 은유다. 뱃속의 가스가 빠져나가듯 점점 바닥을 드러내는 번뇌를 살펴보며 뿌듯해하고 있는 것이다. 마침내 아무것도 없으니, 아무것도 없다는 생각마저 사라지니 더없이 행복하다는 역설逆說 혹은 역설力說.

하지만 향엄은 이 말을 뱉고 나서 사형師兄이었던 앙산 혜적仰山慧寂에게서 불같은 꾸지람을 들었다. 점수漸修를 말한 탓이다. 앙산은 혜적에게 "그대는 여래선은 알았어도 조사선은 꿈에도 보지 못했다"고 혼쭐을 냈다. 여래선과 조사선은 둘 다 깨달음을 말하고 있지만 방법론에서 차이를 보인다. 여래선은 서서히 깨달을 수 있다는 것이고 조사선은 단박에 깨달을 수 있다는 것이다. 신수와 혜능이 남긴 게송의 다름을 떠올리면 이해가 쉽다.

당나라의 고승 규봉 종밀圭峰宗密은 《선원제전집도서禪源諸詮集都序》라는 저서에서 선종의 여러 수행법을 자신의 관점에서 재편했다. 그가 분류한 오종선五種禪은 외도선外道禪·범부선凡夫禪·소승선小乘禪·대승선大乘禪·여래청정선如來淸淨禪이다. 외도선과 범부선은 어감에서 드러나듯 그릇되고 옹졸한 수행법이다. 외도선은 단순히 머리가 맑아지고 몸이 좋아지는 지엽적인 효과를 보기 위한 목적이다. 오늘날 유행하는 출처 불명의 명상법을 생각하면 된다. 범부선은 외도선보다는 바람직하지만 그래도 오십보백보다. 착한 일을 하면 복을 받고 악한 일을 하면 벌을 받는다는 믿음에 따라 단순히 선행을 실천하는 것이다. 범부선이나 외도선이나 마음의 원리를 외면한 채 마음의 결과에 대해서만 반응한다는 게 한계다.

소승선은 이보다 급수가 높다. 자기 존재가 본래 허망함을 깨우치는 일이다. 자아가 사대四大와 오온五蘊의 결합으로 인한 인연의 소산임을, 마음의 행로를 추적해서 파악하는 것이다. 남아시아에서 성행하는 초기불교 수행법을 일컫는다. 다만 소승선으로는 아공我空은 성취할 수 있어도 법공法空에는 다가가지 못한다. 내가 비었다는 건 알겠는데 나 밖의 것인 세계가 비었는지에 대해선 확인해 줄 수 없다는 게 문제다. 대승선은 법공까지 관통한다. 나뿐만 아니라 삼라만상이 인연에 휘둘리는 허망한 존재임을 직관하는 것이다.

여래청정선(여래선)은 최상승선最上乘禪, 즉 가장 높고 위대한 수행법이다. 마음은 본래 청정하고 번뇌란 원래 없으며 지혜의 성품을 갖추고 있으니, 이 마음을 깨닫는 것이 부처라는 주장이다. 종밀은 여래선이 최고이며 선의 진수라고 판정했다. 인간은 본래 불성을 갖추고 있으므로 자신이 곧 부처임을 깨달아야 한다는 것이다. 부처님도 보리달마도 결국은 이것을 깨달았다는 주장이다. 수행의 처음과 끝이 마음의 직관임을 강조한다는 점에서 여래선과 조사선은 내용 면에서 크게 다르지 않다. 다만 화엄종 계열의 학승學僧이었던 종밀은 교선일치敎禪一致를 앞세웠다. 스스로가 부처임을 알려면 경전도 열심히 읽어야 한다고 조언했다. 그러나 후대의 선사들은 종밀의 논리가 알음알이에 빠져서

참된 선의 정신을 망각했다고 비판했다. 이들은 문자에 기대는 것을 거부한 혜능의 남종선이야말로 진정한 선이라고 상찬했다.

향엄의 게송을 다시 살펴본다. 지난해보다 올해가 더 곤궁해졌다는 것은 단계적인 변화가 있었다는 뜻이다. 가난이 번뇌에 대한 은유적 표현임을 전제하면, 작년보다 금년의 깨달음이 '좀 더' 크다는 것이고, '좀 더' 성숙한 인격으로 거듭났다는 비유다. 그리고 '이런 식으로 순조롭게 나아간다면 최고의 진리에 도달하리라'는 확신이 문맥에 깔려 있다. 깨달음을 손에 쥘 수 있는 것이며 남보다 더 많이 얻을 수 있는 것으로 여기고 있다. 동시에 번뇌의 크기를 잴 수 있으며 줄이고 없앨 수 있는 것이라고 파악했다. 보리菩提와 번뇌煩惱를 '실체화'했다. 보리를 번뇌와 대비되는 개념으로 분별하고 있다. 쌓아야 할 것과 버려야 할 것을 갈랐다. '마음을 부지런히 닦으면 청정한 불성에 도달할 수 있다'는 신수의 입장과 한 치의 틈도 없이 들어맞는다.

요컨대 점수는 노동으로 재화를 얻거나 독서로 지식을 얻는 것과 동일한 방식으로 마음에 접근하는 공부법이다. '축적'을 지향한다. 신수가 게송을 읊었을 때 대다수가 지지를 보낸 것처럼 얼핏 점수가 타당하고 상식적인 수행법으로 보인다. 물신화와 수치화는 인간의 오랜 습관이다. 눈에 보이는 것에 대한 맹신과 돈으로 셈할 수 있는 것에 대한 애착에 길들여진 부류에게, 돈오를 가르친다는 건 어쩌면 감나무에서 배를 바라는 일인지 모른다. 그래서 육조 혜능도 '불법엔 돈점頓漸이 없지만 사람에겐 이둔利鈍이 있다'며 점수를 성불成佛의 정도正道로 여기는 세태를 안타까워했다.

그러나 인체를 아무리 갈가리 해부한다 해도 마음이란 덩어리는 찾을 수 없다. 깨달음은 손에 쥘 수 없을뿐더러 눈에 보이지도 않는다. 번뇌 역시 마찬가지다. 순간 생각을 놓으면 깨달음도 번뇌도 사라진다. 너도 없고 나도 없다. 아무것도 없다. 있지도 않은데 무엇을 쌓는다 하는가.

## 견물생심은 숙명이지만

머무름이 없는 마음이 바로 부처의 마음이다.

無住心者 是佛心

대주 혜해(大珠慧海) 《대주선사어록(大珠禪師語錄)》

무념無念과 무주無住는 조사선의 실천론이다. 생각하지 말고 집착하지 말라는 것이다. 물론 생각은 인위적으로 끊을 수 없다. 인간은 주변 세계의 자극에 끊임없이 반응하면서 자기도 모르게 이런저런 생각을 쏟아낸다. 견물생심見物生心은 숙명이다.

다만 절제와 성찰로써 생각이 확대되거나 뒤틀리는 일은 막을 수 있다. 화려하고 군침 나는 외부의 자극을 멀리하는 태도가 요구된다. '바깥'에 속아서 지어낸 생각은 허상에 불과함을 직시하면 부처의 삶이 따로 없다. 문득 떠오른 생각을 생각 그 자체로만 상대해주고 홀연히 떨칠 수 있다면 별 탈이 없다. 그러나 생각이 달아나지 못하도록 벽을 쌓아 가두고 욕심과 분노로 번식시킨다면, 그것은 종국에 자신을 옭아매는 감옥이 된다. 욕심이나 분노에서 비롯된 생각은 도돌이표를 모른다. 줄기차게 안 좋은 방향으로만 생각을 끌고 가 스스로를 한쪽으로 몰아간다. '생각하되 생각하지 말라[念而不念]'는 혜능의 표현은 이러한 위험성에 대한 경고다. 내가 술을 마시다가도 음주가 지나치면 어느 샌가 술이 나를 마신다. 내가 돈을 쓰다가도 어느샌가 돈이 나를 쓴다. 내가 생각을 다루느냐 생각이 나를 다루느냐에 따라 결과는 천양지차다. 살의는 스스로 만들어내는 것이 아니다. 생각에 자신이 압도당했을 때 울리는 파국의 서곡이다.

도시에 살면 도시를 닮는다. 뭐든 세우고 뚫고 메우고 이어야 직성이 풀린다. 일 없는 한가로움을 동경하면서도 막상 일이 없어지면 불안에 떤다. 철수는 미워하고 영희는 예뻐하며 편을 가른다. 이것저것 마음에 잡다하게 쑤셔 넣어야 스스로 살아 있다고 여긴다. 살기 위해 죽고, 지지 않으려고 비굴해진다. 마치 자신의 비단옷을 자랑하기 위해 진창으로 들어가는 꼴이다. 선지식들은 반연攀緣을 쉬라고 누차 강조한다. 이지럽게 빌어 놓은 인줄 탓에 굳이 겪지 않아도 될 불행에 쓸데없이 연루되기 때문이다. 진정한 승리는 더 이상 경쟁할 적수가 아니라 경쟁할 필요가 없을 때 비로소 이뤄진다.

## 깨달아도 달라지는 건 없다

> 돈(頓)이란 단박에 망념을 없애는 것이오 오(悟)란 얻은 바 없음을 깨치는 것이다.
>
> 頓者頓除妄念 悟者悟無所得
>
> 대주 혜해 《돈오입도요문론(頓悟入道要門論)》

조사선의 깨달음엔 '알맹이'가 없다. 무소득無所得. 깨달아도 특별히 얻을 것이 없다는 말이다. 도통한다고 해서 갑자기 초인적인 능력이 생기지는 않는다. 재물과 권세를 손에 쥘 수 있는 것도 아니다. 견성을 하더라도 산은 어제의 산 그대로이며 물은 어제의 물 그대로다. 부처가 된다 해도 자신의 사회적 직분과 처지는 달라지지 않는다. 깨달음의 영역에서조차 투자가치를 계산하는 사람들에겐 무척이나 실망스러운 사상일 것이다. 에덴동산이 재개발된다 해도 나는 나이고 너는 너일 뿐이다.

물론 깨달은 이후에도 외양이나 환경은 예전 그대로겠지만 세상을 바라보는 마음가짐엔 분명한 변화가 있다. 이른바 마음을 비우고 세상을 바라볼 때 색다른 경험을 하게 된다. 손해에 분노하지 않으며 이익에 둔감해진다. 적이라고 매도하지 않으며 친구라고 두둔하지 않는다. 죽음의 공포에 떨지 않으며 구태여 살아 있다는 생각에 연연하지도 않는다. 이것과 저것의 사이에서 자유롭고 느긋하게 부유할 뿐이다.

'얻었다 한들 본래 있었던 것, 잃었다 한들 본래 없었던 것[得之本有 失之本無]'《벽암록》에 나오는 경구다. 조사선의 내용과 의의를 동시에 이해할 수 있는 알짬 중의 알짬이다. 조사선에서 말하는 깨달음은 이상향에 도달하는 것도 진리를 인지하는 것도 아니다. 항시 깨달음은 밖에 있는 것이 아니라 안에 있음을 강조한다. 곧 즉불이다. 자기 자신이 부처라는 것이다. 자성自性이 불성佛性이고 자심自心이 불심佛心이다. 스스로 움직이고 말하고 생각하는 모든 것이 전부 부처의 살림이라고 한다. 지금 있는 그대로를 만끽하라는 것이다. 마음의 바깥에 따로 무언가가 있지 않다고 한다. 깨달았다는 생각이나 로또에 당첨되고 싶다는 생각이나 값어치는 같다. 망상이다.

망념이란 그릇된 생각이다. 욕심이나 분노, 어리석음 등등 비뚤어진 마음에 비친 뒤틀린 생각이다. 이것을 좋아하고 저것을 싫어하는 마음으로 빚어낸 생각이다. 특정한 목적을 가지고 일정한 경계에 따라 지은 생각이다. 살고 싶다는 생각도 죽고 싶다는 생각도 망상이다.

이런저런 생각이 없으니 얻은 바 없음이란 당연하다. 성철 스님은 《돈오입도요문론 강설》에서 '돈오라는 것은 견성을 말하는 것이며 무심을 말하는 것이며 무념을 말하는 것이며 머무름이 없음을 말하는 것'이라고 설명했다. 곧 돈오나 견성이나 무심이나 무념이나 무주나 다 같은 말이라는 결론이다. 달콤한 유혹의 상황에서도 끔찍한 역경의 상황에서도 평심을 잃지 않는 것이 관건이다. 최선의 상황에서도 최악의 상황에서도 그냥 살 수 있어야 한다.

## 벽돌을 간다고 거울이 되겠느냐

멋대로 수행하던 날들로부터 삼십 년이 지났다. 이제 소금과 된장 걱정은 겨우 덜었다.

自從胡亂後三十年 不少鹽醬

마조 도일(馬祖道一) 《사가어록》

스승인 남악 회양南嶽懷讓선사가 제자의 깜냥을 알아보고자 인편을 보냈을 때 마조 도일선사가 건넨 회신이다. 호란胡亂은 매사 깔끔하지 못한 엉터리를 뜻하는 당대唐代의 속어다. 누구에게나 청춘은 오랑캐가 난리를 치듯 불안하고 혼란스럽게 마련이다. 어디로 가야할 지 막막하다. 뭐든 한다고 하는데 당최 남는 게 없다. 젊은 마조도 그랬다.

남악과 마조는 벽돌로 맺어진 인연이다. 부처가 되겠다고 좌선에 몰입하는 마조 앞에서, 남악은 혀를 끌끌 차며 벽돌을 가는 시늉을 했다. 그리곤 아무리 돌을 갈아봐야 거울이 될 수 없듯이 좌선을 한다고 깨달을 수 있는 건 아니라며 핀잔을 줬다. '꿀밤'의 값어치는 대단했다. 회심한 마조는 이후 일체의 망상과 구속을 떨친 채 '그냥 살기'의 진수를 보여준다. 평상심시도平常心是道. 너도 부처님처럼 울고 웃을 줄 아니까 부처님이고, 지금 네가 밥 먹고 잠자고 똥 누는 일 모두가 보살행이라는 폭풍 같은 이야기로 대중을 사로잡았다. 마조가 큰절 개원사의 주지이자 홍주종洪州宗의 개조開祖로 클 만큼 컸을 때, 삼십 년 전 제자의 '굴욕'을 기억하는 스승은 그가 과연 융숭한 대접을 받을 자격이 있는지 궁금했을 것이다.

어깨에 잔뜩 힘을 줄 법도 하지만 마조의 대답은 의외로 담박하다. 소금과 된장, 음식의 기본이다. 곧 간신히 사람 구실은 하고 산다는 겸손의 표현이다. 부처를 죽이고 천하를 삼키는 기상천외한 법어에 비하면 일견 작고 야위어 보인다. 하지만 작아서 단단하고 야위어서 맑다. 소금과 된장만 먹어도 살 수 있지만 대부분 그렇게 살지 않는다. 수중에 소금과 된장만 남으면, 자살한다. 최소한의 소유로도 만족할 수 있다는 것. 강산이 세 번은 바뀌어야 이룰 수 있는 격외선지格外禪旨.

## 깨닫지 못했다고 자책하는 마음이 바로 부처의 마음

경에 다음과 같은 말이 있다. 범부처럼 행동하지도 않고 성현처럼 행동하지도 하는 것이 바로 보살행이다.

經云 非凡夫行 非聖賢行 是菩薩行

마조 도일 《사가어록》

조사선의 길을 튼 혜능의 법은 남악 회양과 청원 행사 두 제자에게로 전해졌다. 남악 회양의 제자였던 마조 도일은 남악계를 대표하는 선사다. 중국 선종의 가풍을 실질적으로 형성한 인물로 평가받는다. 그는 '평상심시도平常心是道'이며 '일용즉묘용日用卽妙用'임을 표방하며 선禪의 황금시대를 열었다. 우리의 일상적인 마음이 곧 깨달음이며, 하루하루 이어지는 평범한 일들이 알고 보면 오묘하고 신통한 기적이라는 게 요지다. 결국 그날그날 그때그때를 충실하게 살면, 특별히 수행하고 따로 공부하지 않아도 이미 부처라는 가르침이다.

홍주종을 창시한 마조의 문하엔 139명의 제자가 있었고, 모두 큰스님이 되어 세인들에게서 두터운 존경을 받았다. 하지만 마조는 그들에게 별달리 가르친 것이 없다. 아랫사람들의 신상을 일일이 챙기고 돌봐주지도 않았다. 누가 도에 대해 물으면 딴소리나 하기 일쑤였다. '만 가지 법과 짝을 이루지 않는 이는 누구냐'고 물으면 '서강西江의 물을 한입에 다 마시면 가르쳐주겠다'고 물렸고 '부처와 도의 거리'를 물으면 '도는 주먹을 쥔 것이고 부처는 주먹을 편 것과 같다'고 튕겨냈다. 더구나 '내가 했던 말을 기억하지 말라'고 신신당부할 정도였다. 물론 이러한 무관심엔 그만한 이유가 있었다. 상대방의 자유자재한 불성을 괜한 선입견으로 교란할까 염려됐기 때문이다. 무뚝뚝한 품새는 다른 선사들에게도 공통된 기질이었다.

어쨌든 마조는 사람들에게 도가 무엇이니 부처가 무엇이니 단 한 번도 진리의 의미에 대해 설명한 적이 없다. 다만 공부가 순순치 않아 좌절하는 제자들이 있으면 '깨닫지 못했다고 자책하는 그 마음이 바로 부처의 마음'이라고 다독이며 끝까지 지지했다. 그는 무엇을 가르쳐야 할지를 정확하게 알고 있었다. 아무것도 가르치면 안 된다는 것이었다. 그들이 스스로 깨달을 수 있도록.

## 도는 닦아서 되는 것이 아니다

도는 닦아서 되는 것이 아니다. 설령 닦아서 되는 것이라 할지라도 닦아 이루어놓은 것은 곧 다시 무너져 내리고 만다.

道不屬修 若言修得 修成還壞

마조 도일 《사가어록》

마조선의 핵심은 평상심平常心으로 갈무리된다. 평상심이란 일상을 살아가는 평범한 마음이다. 그의 시중(示衆: 주지나 선사가 많은 대중 앞에서 법문을 설하는 것) 가운데 알짬을 소개한다.

도란 닦아서 이루어지는 것이 아니다. 오직 더러움에 물들지만 않으면 된다. 더러움에 물든다는 것은 무슨 뜻인가. 나고 죽는다는 생각을 염두에 두고 일부러 별난 짓을 벌이는 것을 바로 더러움에 물든다고 하는 것이다. 단번에 도를 이루고 싶은 생각이 있는가. 평소의 이 마음이 바로 도이다. 평소의 이 마음이란 무엇인가. 짐짓 꾸미지 않고, 이러니 저러니 따지지 않고, 마음에 드는 것만 좇지 않고, 무엇이 있다느니 없다느니 집착하지 않고, 평범하다느니 성스럽다느니 차별하지 않는 것이다

지금 이렇게 걷다가는 멈추기도 하고, 앉아 있다가 눕기도 하는, 형편에 따라 움직이는 이 모두가 바로 도인 것이다.

[道不用修 但莫汚染 何爲汚染 但有生死心 造作趣向 皆是汚染 若欲直會其道 平常心是道 何爲平常心 無造作 無是非 無取捨 無斷常 無凡無聖 只如今行住坐臥 應機接物 盡是道]

밥을 먹고 책을 읽는 마음이 평상심이다. 의식주의 해결을 걱정하면서도 정의와 진리에 대해 번민하는 마음이 평상심이다. 지금 이 순간을 흘러가는 생각의 바다가 평상심이다. 만물과 매사를 그것 그대로 존중하는 마음이 평상심이다. 구태여 보태거나 버릴 것 없이 순간순간의 상황에 기꺼이 응대하며 최선을 다하는 마음이 평상심이다.

마음에 한 줄이라도 그으면 평상심은 피를 쏟는다. 정사正邪와 선악善惡, 시비是非와 미추美醜. 마음이 빚어낸 이런저런 생각에 위계를 세우고 굳히기에 들어가는 것이 세간의 인습이다. 특정한 기준과 가치에 따라 생각과 생각에 서열을 매긴다. 줄을 벗어나면 때리고 줄에 끼지 못하면 얕본다. 이 줄을 고집하며 저 줄을 욕한다. 이는 무상無相이 실상實相인 세계의 원리에 대한 착오이자 배반이다. 모두 평상심을 해치는 일이고 순리는 붕괴된다.

　마조는 마음을 붙잡으려 하지 않았다. 제자들의 질문 세례에 마조는 기어이 '동문서답'으로 일관했다. 마음을 형상화하거나 의미화하려는 시도들을 차단하기 위한 방편이었다. 한번 떠오른 생각은 끝내 사라지고 만다. 지나가버린 생각에 견見을 붙이고 론論을 세우는 것은 시체를 붙잡고 이러쿵저러쿵 떠드는 일이다. 늘 깨어 있으려면 생각 때문에 앓아서는 안 된다.

　평상심은 어감 때문에 무척 안정적이고 유순해 보인다. 그러나 평상심의 본의는 기존의 가치와 윤리를 통렬하게 부정한다는 점에서 과격하다. 평상심에 입각한 마조는 마음이 몸을 통해 드러나는 갖가지 현상이 그 자체로 불성임을 강조했다. "술과 고기를 입에 대는 게 옳습니까, 대지 않는 게 옳습니까[喫酒肉卽是 不喫卽是]"라고 어느 벼슬아치가 묻자 "입에 대는 것은 일한 대가를 즐기는 것이요 입에 대지 않는 것은 복을 짓는 일이오[若喫是中丞祿 不喫是中丞福]"라고 답했다. 음주와 식육은 불자라면 응당 꺼려야 할 금기이지만 마조는 그것마저 내치지 않았다. 사람이 벌이는 갖가지 일들엔 그에 맞는 쏨쏨이와 값어치가 있음을 일러준 것이다. 장삼이사들의 고단한 밥벌이를 추하다 여기지 않고 그들의 소소한 보람에 격려의 손길을 내밀었다. 결국 평상심은 평범한 모든 것들에 대한 경배요 사라지는 모든 것들에 대한 위로다.

작용즉성作用卽性. 부처는 형상이나 관념이 아니라 작용이다. 있는 그대로 움직이는 그대로가 부처다. '부처에게 걸맞은 품위 있는 행동'과 '중생이나 할 짓'이 별도로 존재하는 게 아니다. 그러니 수행 역시 특별한 사람이 하는 것도 특별한 자세로 하는 것도 아니다. 참선을 한다고 가부좌를 틀었지만 머릿속은 온갖 음탕한 잡념으로 도배가 됐다면 그것이 진짜 수행인가. 아니면 하루 일과를 성실하고 순탄하게 마치고 집에 돌아와 밥 먹고 발 씻고 잠자리에 눕는 것이 진짜 수행인가.

평상심은 어쩌면 '밑 빠진 독'처럼 생각하는 것이다. 세상을 있는 그대로 투영하되 무엇 하나 남기지 않고 투과시키는 마음이다. 후회하지 않고 기대하지 않는 삶이다. 누군가는 목석같은 인생이라고 흉볼지도 모르겠다. 그러나 말 많고 탈 많은 세상을 가장 순조롭게 관통할 수 있는 방법임을 확신한다. 마음이 벌인 모든 일을 감내하는 최강의 저항이고, 마음이 벌인 모든 일을 용서하는 최고의 자비니까.

## 일부러 수행하지 마라

> 만약 누군가가 부처를 구한다면 이 사람은 부처를 잃어버릴 것이다.
> 만약 누군가가 도를 구한다면 이 사람은 도를 잃어버릴 것이다.
> 若人求佛 是人失佛 若人求道 是人失道
>
> 임제 의현 《임제록》

조사선의 수행론은 당황스럽게도 수행하지 말라는 것이다. 얼핏 모순적으로 들린다. 그러나 마음이 곧 부처이고 중생이 곧 부처임을 강조하는 조사선의 입장을 고려하면 충분히 이해가 되는 주장이다. 내 마음에 따라 행동하고 생각마다 걸림이 없는 것, 이것이 선사들의 수행이다. 마음에 모양이 없듯 깨달음에도 모양이 없다. 곧 수행이라는 과정을 통해 도달할 수 있는 산꼭대기 같은 것이 아니다. 조사선에서는 수행 역시 마음이 빚어낸 작위에 지나지 않는다고 지적

했다. 그것은 간장을 넣은 찐빵이자 다섯 개의 바퀴로 움직이려는 자동차와 같다. 마음의 폐부를 찔렀다면 더 이상 마음에 굴복당해선 안 된다.

깨달음이니 수행이니 이것저것 주워 담으면 마음만 무거워진다. 벽돌을 갈아서 거울을 만들 수 없듯 좌선을 한다고 부처가 될 수는 없다는 것. 돈오를 통해 즉불을 깨달았다면 수행에 연연하면 안 된다. 수행인 것과 수행 아닌 것, 부처가 되기 위한 공부와 부처가 되는 것과 상관없는 공부 등등 유有와 무無를 가르는 변견邊見에 빠지기 때문이다.

무수無修는 '수행할 필요가 없다'와 '수행이라는 개념에 집착하지 말라'는 두 가지 뜻을 동시에 내포하고 있다. 통상적인 개념의 수행은 특별한 시간과 공간을 필요로 하며 형식도 까다로운 편이다. 명상과 수행이 사회적 관심사로 떠오른 지 오래다. 많은 사람들이 심신의 안정 등을 목적으로 가부좌를 튼다. 따로 시간을 내어 선원禪院을 찾고 정해진 규율과 체계에 따라 참선에 임한다. 그리고 열심히 정진하면 언젠가는 부처가 될 수 있으리란 당찬 기대를 품는다. 가끔 불자들이 정진하는 선원으로 취재를 하러 간다. 적어도 참선을 하고 있는 동안 그들은 상당한 안락감과 자부심을 느끼는 것처럼 보인다.

하지만 매일같이 음주가무만 즐기면서 살 수 없는 게 인생이지만, 종일 가부좌만 틀고 앉아 있을 수 없는 게 인생이다. 우리가 시시각각으로 처하는 삶의 현장은 그야말로 부지기수다. 그에 비하면 선방에 앉아 있는 시간은 그야말로 촌각이다. 원해서 하는 일도 많지만 원하지 않는데 하는 일은 더 많다. '입에 풀칠이라도 하려고, 시간이나 죽이려고…' 원하지 않는데 하는 일에 대해 이렇듯 헐뜯고 깎아내린다면, 인생의 절반 이상을 스스로 폄하하는 꼴이 되고 만다. 우리의 마음이 벌이는 온갖 행위가 모두 불성의 작용임을 명심할 일이다. 우리의 마음이 촉수를 들이대는 모든 세상만사가 깨달음을 이루는 복전福田이다. 조용한 선방에서 화두를 타파하기 위해 노력하는 것도 수행이지만, 일상 속에서 곤경을 겪었을 때 부단한 의지와 열정으로 헤쳐 나가려는 것도 수행이다. 거리에서 부딪히는 모든 풍경과 사건이 바로 화두다. 세상에 이유 없이 존재하는 것 없고, 의미 없이 존재하는 것 없다.

선종에 대비되는 교학불교의 특성은 번쇄한 의제儀制다. 천태 지의天台智顗의 《마하지관摩訶止觀》은 수행의 목적과 방법, 결과에 대해 오이 채 썰듯 세밀하게 분석해 설명한 것으로 정평이 났다. 일단 수행의 각 단계를 석명釋名·체상體相·섭법攝法·편원偏圓·방편方便·정관正觀·과보果報·기교起教·지귀旨歸의 십광十光으로 나눈 뒤 각각의 조항마다 다시 너덧 가지의 세목을 붙이고 낱낱의 의미에 관해 또 다시 깨알같이 적었다. 점수법문漸修法門의 극치다. 결국《마하지관》을 제대로 소화하려면 막대한 시간과 정력을 들여야 한다. 더구나 불교적 소양이 없고 글을 모르는 부류는 감히 범접조차 못할 수행법이다. 물론 시간이 남아돌고 뻐기기 좋아하는 상류층에게는 안성맞춤인 공부겠다. 이에 비해 언하言下에 깨우치는 조사선은 아예 과정 자체를 취하지 않는다고 해도 무방하다. 누구나 언제나 어디서나 깨달을 수 있는 방법이다. 《마하지관》을 귀족의 수행법으로 조사선을 평민의 수행법으로 가르는 이유가 여기에 있다. 조사선은 점수漸修의 복잡성과 현학성을 비판하면서 열린 수행을 지향했다. 수행의 방법과 환경에 제한을 두지 않은 것이다. 스스로 깨어 있다면 어디나 선방이었다.

## 아무 일도 하지 않는다

마당을 쓸고 있는데 어떤 승려가 물었다.

"화상은 대선지식이신데 어째서 마당을 쓸고 계십니까."

조주 스님이 말하길,

"티끌은 바깥에서 들어온다."

승려가 묻기를,

"이미 청정한 가람인데 어째서 티끌이 있습니까."

스님이 말하길,

"티끌이 또 한 점 생겼구나!"

掃地次 僧問 和尚是大善知識 爲什麼掃地 師曰 塵從外來

旣是淸淨伽藍 爲什麼有塵 師曰 又一点也

조주 종심(趙州從諗)《오등회원(五燈會元)》

---

조주선사는 무심無心으로 청소를 하고 있었다. 비질을 한다는 생각도, 비질을 하고 있는 내가 있다는 생각도 없이, 행위와 자아가 일치된 상태다. 곧 부처의 마음으로 일하고 있는데 객승 하나가 와서 평화를 깬다. '화상'이라는 존칭과 '청소'라는 목적어로 선사의 상태를 특정한 행行으로 규정

한다. '화상은 대선지식인데 어째서 마당을 쓸고 있느냐'는 스님의 물음은 매우 '계급적인' 발언이다. '지체 높으신 분이 왜 허드렛일 따위나 하고 있느냐'는 비아냥거림으로도 읽힌다. 이 말은 조주와 청소를 주객으로 갈라놓고 곧 분별망상에 물꼬를 터놓는다. '청소를 하고 있는 자기 자신'이라는 자의식, '큰스님인데도 제대로 대접받지 못한다'는 불쾌감 등등 중생심에 휘말리게 한다. 그러니 객승의 조롱은 밖에서 들어온 티끌인 셈이다. 그러나 그는 조주선사의 말뜻을 이해하지 못하고 한마디 더 지껄였다. 마음에 묻은 티끌이 절 안에 뒹구는 티끌보다 훨씬 더럽다는 것을 끝까지 깨우치지 못했다. 결국 조주선사는 '티끌이 또 한 점 생겼다'며 구시렁대고 만다. 선사들은 아무 일도 하지 않는다. 비록 일을 하더라도 일을 한다는 생각이 없다. 무심으로 벌이는 모든 일이 수행이다.

## 노동만 한 수행도 없다

하루 일하지 않았으면 하루 먹지 않는다.

一日不作 一日不食

백장 회해(百丈懷海) 《오등회원》

운력運力은 대중이 함께 모여 벌이는 육체노동을 뜻하는 승가의 용어다. 백장 회해선사는 여든이 넘어서도 이 운력을 거르는 법이 없었다. 어느 날 스승의 건강을 걱정하던 시자가 농기구를 몰래 감추어두었다. 운력을 할 수 없게 된 백장은 입에서 곡기를 끊었다. 어안이 벙벙해진 시자가 그 이유를 묻자 백장은 위와 같이 대답했다. 잘못을 뉘우친 시자는 다시 스승에게 농기구를 꺼내드렸고, 백장은 다시 이전처럼 선농일치禪農一致를 실천할 수 있었다.

선농일치는 선불교의 역사에서 중요한 위치를 차지하는 전통이다. 깨달음을 위해 정진하는 일이나 가을걷이를 위해 밭을 가는 일이나 그 값어치가 하등 다르지 않다는 가르침이다. 하긴 농사란 것이 수행자에게 매우 어울리는 노동이긴 하다. 홀로 해내야 한다는 점, 자신이 땀 흘린 노력으로만 결실을 얻는다는 점, 자연과 하나가 되어 겸손하고 자족해야만 한다는 점에서 농사는 참다운 수행이다. 게다가 남에게 먹일 수 있는 작물을 일궈낸다는 점에서, 유형의 물질을 생산해내지 못하는 좌선에 비해 효율적이기도 하다. 돌이켜보면 사회의 급속한 성장으로 직업이 다양하게 분화됐다지만 농사만큼 정직하고 알찬 일도 없는 듯하다. 세상이 부러워하는 직업일수록 남을 속이고 자기를 꾸미는 기술만 돋보이는 것들뿐이란 생각.

현대사회의 노동이 슬픈 이유는 그것이 철저하게 자본의 논리에 종속됐기 때문이다. 교환가치로만 취급되는 노동. 오로지 돈이 되느냐의 여부로만 노동의 경중輕重을 따지는 탓에, 노동도 노동자도 온전하게 대접을 받지 못하는 형편이다. 자기가 하고 있는 일 자체에 대한 만족을 느끼기 어렵고, 기계보다 능률이 떨어지는 인간은 천대받게 마련이다. 자본이 필요로 하는 노동력을 확보한 사람이 그렇지 못한 사람보다 더 많은 금권과 명예를 누린다. 노동력을 제공하는 자의 인격과 정성은 전혀 고려되지 않는다. 그가 얼마나 기계와 흡사한가, 자본주의 사회에서 바라보는 노동가치의 척도다.

다들 경쟁에서 도태되지 않기 위해 더 잘난 노동력을 획득하기 위해 허리띠를 조인다. 대학에 다니고 대학원에 다니고 유학을 떠난다. 삶의 총체적인 활력이 아니라 단순히 타인과의 경쟁력을 확보하기 위한 출정이기 십상이다. 결국 노동은 삶의 진면목을 일깨워주는 목적이 아닌 생존을 위한 도구로만 인식된다. 먹고살기 위해 어쩔 수 없이 하는 일에 진심어린 애정을 갖기는 어렵다. 탁월한 노동력을 획득했다손 승리의 쾌감은 있겠지만 자족의 기쁨은 없다. 더욱이 사람과 부대끼며 엎치락뒤치락하면서 사는 한 영원한 승리란 있을 수 없다. 반드시 자신보다 능률적인 노동력을 가진 이가 등장하는 게 당연지사이고, 또 다시 그를 꺾기 위해 뼛속의 기력까지 후벼 파내야 한다. 늘 불안하다.

즉불은 개인의 자유와 존엄성을 제 손으로 파괴하는 모든 분별의 해체를 주문한다. 공연히 타인과 비교해 상처받지 말고 자신의 몸과 마음을 송두리째 긍정하라고 가르친다. 남들이 만들어놓은 권위와 규범에 휘둘리시 말고 스스로 가치를 창조하는 삶을 권고한다. 즉불의 지평에 서면 자본주의적 노동의 피로로부터 해방될 수 있는 길이 보인다.

직장인들은 최소 하루의 3분의 1 이상을 회사에서 보낸다. 야근과 출퇴근 시간, 회식자리까지 포함하면 절반에 가까운 시간을 노동에 할애해야 한다. 노동 가능 인구 가운데 이른바 '대한민국 1%'를 제외하면 열에 아홉 이상이 자의든 타의든 일에 파묻혀 산다. 노동이 일상을 물들인다. 이렇게 중요한 삶의 부분이니 막 대할 수가 없다. 회피하려면 노숙을 각오해야 한다. 그렇다고 묵묵히 감내하자니 고되고 억울하다. 결국 현실을 인정하고 노동에 대한 새로운 관점을 세우는 게 최선의 방도다.

2006년 경기도 안성에 위치한 도피안사라는 절에서 '노동의 가치, 불교에 묻는다'를 주제로 릴레이 강연회를 열어 주목을 받았다. 우리 삶의 주요한 틀인 노동을 불교적 시각에서 새로 정립하자는 취지였다. 동국대 교수 호진 스님은 〈불교의 노동문제〉를 발제하며 "불교에서의 노동의 의미는 인생의 열쇠다. 노동 없이는 일상적인 삶도 영위할 수 없지만 궁극 목표인 열반도 성취할 수 없다"고 말했다. "삶에 대한 긍정이 선행돼야 노동의 긍정이 가능하다"는 것이다. 서울대 국제대학원 박세일 교수 역시 〈일을 통해 성불한다〉는 글을 통해 깨달음은 자신의 소박한 일상에 대한 사랑에서 출발한다고 강조했다. 그는 "보통 깨달음이란 어떤 특별한 마음의 경지 또는 상태를 의미해 참선, 독경 등 별도의 특별한 노력을 통해 도달할 수 있는 세계라고 인식하면서 '생활과 수행' '종교와 사회'로 양분되기 시작했다"면서 "가사노동과 직업노동을 통해서도 성불을 이룰 수 있으며, 이는 개인적인 성불 차원에서 그치는 것이 아니라 이웃의 성불을 위해서도 노력해야 한다"고 역설했다. 한국학중앙연구원 한형조 교수도 마찬가지다. "영원의 행복은 자신의 신체를 법신法身으로 보듬고, 세속의 일을 불국토의 장엄莊嚴으로 여기는 바로 그 자리에 피어나기 시작한다"는 게 논리의 핵심이었다. 스스로를 부처님으로 여기고 자신이 하고 있는 일을 부처님의 일로 여길 때 비로소 깨달음을 이룬다는 결론이다.

   조사선에서 특별히 수행을 할 필요가 없다고 한 까닭은 인생이 곧 수행이기 때문이다. 노동이 수행만큼이나 버겁고 고단하기 때문일 것이다. 아울러 노동이 수행만큼 값지기 때문일 것이다. 노동을 통해 조직에 몸담은 개인의 왜소함을 확인한다. 인간과 인간 사이의 뿌리 깊은 갈등을 확인한다. 내가 나를 사는 게 아니라 남들이 나를 산다는 걸 뼈저리게 통감한다. 이것들은 노동으로부터 자신을 소외시킬 때 나타나는 고통이다. 생계에 대한 맹목적인 욕구가 여러 가지 보람들을 눈멀게 한다. 그러나 무심無心이라면. 나와 내가 하고 있는 일이 일치될 때 괴로움을 주는 고통과 괴로움을 받는 자신이 사라진다. '오직 할 뿐'이다.

### 보살은 라면에서도 만난다

> 일행삼매란 어느 때에나 걷고 멈추고 앉고 눕는 모든 일상에 항상 직심을 행하는 것이다.
> 一行三昧者 于一切時中 行住坐臥 常行直心是
>
> 조계 혜능 《육조단경》

《종용록從容錄》 제4칙 '세존지지(世尊指地 : 부처님이 땅을 가리키다)'에는 다음과 같은 이야기가 나온다.

부처님이 어느 날 제자들과 함께 길을 걷다가 갑자기 손가락으로 땅을 가리키며 일렀다.

"여기에 절을 지으라."

그러자 제석帝釋이 한 포기 풀을 들어 땅에 꽂으면서 말했다.

"절을 다 지었습니다."

제석의 행동에 부처님은 빙그레 웃었다.

수행에 있어 특별한 형식과 규율에 구애받지 않는 조사선의 가풍을 고스란히 보여주는 일화다. 선사들의 눈엔 발 딛는 곳 어디나 절이며 손 닿는 것 모두가 부처다. 으례 절이라고 하면 큼지막한 법당과 화려한 불상이 있는, 거대하고 장엄한 공간을 연상하게 마련이다. 그리고 절이 클수록 신심이 높아지고 절이 아름다울수록 법열이 북받친다고들 한다. 하지만 부처님이 원한 절은 그런 것이 아니다. 법당이 없어도 불상이 없어도 상관없었다. 사찰의 건립 목적 가운데 하나는 불교를 창시한 부처님과 당신의 가르침을 기리기 위한 것이다. 그런데 부처님은 정작 풀 한 포기에 만족히 있다. 외러 자신에 대한 예경을 한사코 거부하는 몸짓이다. 스스로가 부처임을 망각하고 우상을 숭배하는 '악행'을 저지를까 염려됐기 때문일 것이다.

물론 물물物物이 부처이고 처처處處가 도량道場이라는 설

법을 피상적으로 받아들여선 곤란하다. 모두를 부처님처럼 공경하고 언제 어디서나 절에 있는 것처럼 청정하고 경건하게 살라는 주문이다. 조사선 수행의 본령을 무수無修가 아닌 무수지수無修之修라고 부르는 까닭도 이러한 맥락이다. 수행에 특별한 형식과 규율을 정하지 않는다는 건 결국 매시 매사 부처의 마음을 놓쳐서는 안 된다는 경계警戒다. 사찰에 머물 때에만 마음을 다잡는 게 아니라 유흥가를 지날 때에도 청정한 마음을 잃지 말아야 한다는 것이다. 부처님과 스님을 뵐 때에만 받들고 섬기는 마음을 지니는 게 아니라, 정적政敵이나 원수와 맞부딪혔을 때에도 평상심을 외면하지 말아야 한다는 것이다. 그러니 무수지수는 통상적인 개념의 수행보다 훨씬 어렵고 버거운 길인 셈이다.

직심直心은 무념無念과 무주無住의 마음이다. 분별 망상에 시달리지 않고 상대적인 비교에 현혹되지 않는 평등한 마음이다. 일체 법에 물들지 않는 마음이다. 일체 법이란 외부의 모든 자극이라고 말할 수 있다. 우리의 감각기관으로 투영돼 좋다·나쁘다·기쁘다·슬프다·편안하다·화난다 등등의 감정을 유발하는 온갖 현상을 뜻한다. 혹여 '마음 가는 대로 살라'는 조사선의 가르침을 잘못 이해해 '내 멋대로 사는 것'이 정답이라고 여길 수 있다. 그러나 마음 가는 대로 술 마시고 마음 가는 대로 난동을 피우고 마음 가는 대로 폭력을 휘두르는 이를 부처님이라고 추켜세울 순 없는 노릇이다. 그들은 생각의 노예이자 형상의 하수인이다. 직심은 생각[念]으로부터 자유롭고 형상[相]으로부터 자유로운 마음이다. 생각에 연연하지 않으니 괴로워하거나 힘겨워할 일이 없으며, 형상에 연연하지 않으니 욕심내거나 분노할 일이 없다. 시간과 공간에 구속받지 않고 처지와 직분에 얽매이지 않는, 곧바로 불성과 통하는 지름길이 직심이다.

영혼을 정화하겠다며 인도를 찾는 게 유행이다. 갠지스 강변을 서성이는 수행자들의 눈에서 가난한 평화를 배운다고 한다. 그러나 개인적으로는 빈곤과 권태의 그늘만 자꾸 눈에 밟힌다. 깨달음은 황량한 거리를 자유롭게 부유하는 비닐봉지에도 깃들어 있다. 보살은 전날 숙취를 풀기 위해 편의점에서 사먹는 라면에서도 만난다. 떠날 필요가 없다. 밥숟가락 드는 게 수행이고 남에게 욕먹는 게 수행이다. 인생이 곧 수행이다.

## 나무는 노래하고 돌은 춤추다

쇠나무에 꽃이 피니 수탉이 알을 낳는다. 일흔 두 해 만에 요람의 줄을 끊는구나.

鐵樹開華 雄鷄生卵 七十二年 搖籃繩斷

초산 사체(焦山師體)《총림성사(叢林盛事)》

소쉬르Saussure, Ferdinand de의 구조주의 언어학은 언어에 관한 기존의 통념을 깼다. 이른바 언어의 자의성恣意性. 언어는 사회에서 임의로 정한 암묵적 약속일 뿐, 언어의 대상이 되는 실제 세계와 하등의 상관이 없다는 이론이다. '나무'는 나무가 아니다. 나무는 자기가 '나무'라고 불리는 사실조차 모른다. '나무'는 오로지 인간을 위한 이름이다. 불을 때거나 집을 지을 수 있는 '유용한' 도구로 오래도록 기억하기 위해, 제멋대로 '창씨개명'을 시킨 셈이다. 결국 사물의 입장에서 모든 언어는 주홍글씨다.

바르트Barthes, Roland가 외친 '저자의 죽음'도 언어와 실재의 무관함을 짚어낸다. 아무리 뛰어난 작가의 글이라도 이전에 남들이 써놓았던 글들을 이리저리 조합한 것에 불과하다는 주장이다. 결국 이런 짜깁기는 자신을 표현할 수 없을뿐더러 으레 문학의 의의로 회자되는 삶의 진실과도 거리가 멀다. 언어는 실체적 진실을 설명하지 못하며 다만 자기들끼리 서로 복제될 뿐이다. 문자로 기술한 인간의 장구한 역사와 문화란 것도 '껍데기'의 무한반복에 지나지 않는다.

선가에서는 문자 이전의 진실에 대해 보이기 위해 '목인이 바야흐로 노래하고 석녀가 일어나 춤춘다[木人方歌 石女起舞]'는 성어成語를 종종 쓴다. 나무로 만든 인형이 노래하고 돌로 만든 인형이 춤추는 일은 현실적으로 불가능하다. 불교의 심원한 진리는 인간의 상식이나 사량분별思量分別로는 깨우칠 수 없음을 나타내는 비유다. 동시에 언어는 언어만을 설명할 뿐 언어 바깥의 실재에 대해서는 문외한이란 것을 일러주는 교설이다. 마음이란 '단어'는 마음이란 '현실'과 서로 다른 영역에 속한다. '밥을 먹고 이빨을 닦았다'는 기록이 '식사'와 '양치질' 자체가 될 수 없듯이.

천년왕국, 미륵정토, 세계평화, 일심단결… 인류에게 오랫동안 희망을 주었던 말들이지만 안타깝게도 현실화될 수 없는 말들이다. 말로만 살아 있을 뿐 몸은 자취조차 없다. 외려 사기꾼들이 자기들 욕심을 채울 요량으로 지껄이는 말장난에 불과한 경우가 많다. '세계 1위의 경제대국'이 된다 해도 거리에서 노숙자가 사라지진 않는다. 그들에게 국민소득 3만 달러라는 장밋빛 수사는 모욕이다.

불립문자不立文字. 선사들이 문자를 세우지 않은 까닭은 언어의 한계를 일찌감치 간파했기 때문이다. 그들은 말을 않거나 말을 부수며 속지 말라고 누차 타일렀다. 쇠나무에 꽃이 피고 수탉이 알을 낳을 리 만무하다. 그러나 생나무에 꽃이 피고 암탉이 알을 낳는다고 해도 본질적으로는 그저 말놀음이다. 언어는 인간이 세계를 인식하고 설명하기 위해 고안한 가상假相의 무엇에 불과하다. '나무'든 '암탉'이든 '꽃'이든 '알'이든 '피다'든 '낳다'든, 현상에 대한 인간 중심적 해석일 뿐 현상 자체는 아니다. 무無! 언어적 의미를 알았다고 해서 사물의 본질까지 꿰뚫었다고 자부한다면 불교를 배우겠다며 경전을 뜯어먹는 것과 같다. 들꽃을 이해하려면 식물도감을 뒤지기보다 차라리 함께 벌판에 서서 눈보라를 맞는 게 낫다.

사물을 표현하려 애쓰지 말고 그저 물끄러미 바라보는 연습이 필요하다. 그래야만 진실 이전의 진실과 해후할 수 있다. 인간이 불행한 이유는 '행복'이라는 언어 때문이다.

행복이란 말에 속아 행복이 있다고 믿기 때문이다. '일흔 두 살 먹은 갓난아기'는 두고두고 그게 걱정이었다.

## 깨달음 안에 깨달음은 없다

길에서 죽은 뱀을 보거든 때려죽이지 말고 밑 없는 광주리에 담아 가지고 오너라.

路逢死蛇 莫打殺 無底籃子盛將歸

호구 소륭(虎丘紹隆) 《오가정종찬(五家正宗贊)》

전어轉語란 말을 비트는 일이다. 상황을 일거에 반전시키는 언구를 가리키는 말이다. 앞니에 털이 나는 이치, 도는 똥막대기, 불법은 고목 속의 용틀임, 깨달음은 해골 속의 눈… 이런 따위다. 상내방의 경식뇌고 상부적인 식견을 후려쳐 깨우침을 토하게 하려는 장치다. 일반적인 문법에 길들여진 사람은 전어를 들으면 일단 당황한다. 상相을 찢어버리는 돌풍이요 업業을 무너뜨리는 폭탄이다. 호구 소륭의 전어도 기가 막힌다.

 죽은 것을 죽일 수 없고 밑 없는 광주리는 광주리로 삼을 수 없다. 그럼에도 죽이라 하고 담으라 한다. 도대체 어쩌란 건지. 벼룩의 머리를 빗기라거나 종이로 가위를 오리라는 식이다. 군대에서 비슷한 명령을 받은 것 같긴 하다. 천 원짜리 한 장 쥐어주면서 담배 두 갑하고 컵라면 세 개를 산 뒤, 거스름돈을 반드시 챙겨오라는. 물론 그보다 더 독창적이고 가혹한 요구다. 고참의 심술이야 아니꼽더라도 내 돈 조금 보태면 그리 어렵지 않게 벗어날 수 있는 고난이다. 하지만 아무리 정성을 들여도 선사의 요구는 충족시킬 수 없다. 존재의 법칙을 통째로 뒤흔들고 있기 때문에 살아서는 해내지 못할 임무처럼 여겨진다. 결국 목숨을 걸고 달려들어야 할 문제다.

 직지인심直指人心. 교학을 설하지 않고 곧바로 사람의 심성을 가리키고, 그것을 간파해 부처가 된다는 의미다. 직지는 돈오와 함께 조사선의 근간을 이루는 공부법이다. 교학을 설하지 않는다고 했다. 곧 직지인심하려면 불립문자不立文字해야 한다. 문자를 세우지 않는다… 문자를 떠나는 동시에 문자가 만들어내는 관념에 집착하지 않는다는 뜻이다.

부처님의 말씀을 담은 경전이나 스승의 말로 된 가르침은 다만 성불의 수단으로 내비친 것일 뿐 목적이 될 수 없다는 것이다. 깨달음은 문자 영역 너머의 실지實知다.

　마조선사의 말대로 언어란 아이의 울음을 그치게 하기 위한 사탕과 같은 것이다. 인간은 깨달음이란 낱말이 지닌 개념을 인지하게 되면서 깨닫겠다는 목표 의식을 갖게 돼 더욱 분발하고 정진하려 애쓴다. 그러나 깨달음이란 낱말 안에 깨달음은 없다. 언어는 인생을 유의미하게 한다는 점에서 매력적이다. 그러나 정작 언어에 상응하는 실체는 존재하지 않는다. 그러나 언어는 밤길의 도깨비불처럼 사람의 마음을 헤집어놓는 비상한 능력을 지니고 있다.

　누군가 나에게 바보라고 욕한다고 해서 내가 바보가 되는 것은 아니다. 하지만 진짜 바보가 된 것처럼 기분이 나빠진다. 도둑의 침입을 예방하기 위해 구태여 큰 개를 사다 놓지 않아도 된다. 그저 '개조심'이라고 써 붙인 푯말만 세워도 상당한 효과를 발휘한다. 언어는 현실을 조작한다.

## 주먹은 주먹이 아니다

지문 광조(智門光祚)선사에게 어떤 스님이 물었다.
"연꽃이 물속에서 아직 피지 않았을 때는 무엇입니까?"
선사가 대답했다.
"연꽃이다."

擧. 僧問智門, 蓮華未出水時如何. 智問云, 蓮華

《벽암록》

《벽암록》 제21칙 '지문연화智門蓮花'는 연꽃을 화제로 한 선문답이다. 연꽃은 불성佛性의 비유다. 모든 중생은 불성을 갖고 있지만 미혹에 가려 불성의 유무를 확인하지 못한다. 비록 아직 피지 않아 없는 것처럼 보이지만 언젠가는 만개해 물 밖으로 솟구쳐 나올 연꽃처럼, 불성 역시 눈에 보이지 않지만 확실히 존재하고 인격과 덕성으로 발현된다는 가르침이다. 여기까지는 그다지 난해하거나 낯설지 않다. 문제는 그 다음 대목.

"그렇다면 물 밖으로 튀어나와 꽃이 피었을 때는 무엇입니까?"

"연잎이다."

[僧問, 出水後如何. 門云, 荷葉]

연이 물 위에서 꽃을 피웠다면 누구나 그것이 연꽃임을 분명하게 인식한다. 그리고 쉽게 연꽃이라고 말한다. 하지만 지문선사는 의외로 연잎이라고 비틀어 답했다. 인간의 고정관념에 대고 울리는 조용한 경종이다. 물에 잠겼을 때나 물 밖으로 나왔을 때나 연꽃은 똑같이 연꽃이다. 그런데 연잎이 없는 연꽃은 존재할 수 없다. 연잎도 연꽃이라는 형상을 구성하는 일부로 서로 한 몸이다. 더욱이 연꽃이 피면 연잎도 수면 위로 따라 올라온다. 연꽃이 피면 꽃만 보이는 것이 아닐진대 우리는 별 생각 없이 연꽃만을 이야기한다. 꽃의 화려한 형색에 취해 전체적인 진실에 어둡게 되는 것이다. 결국 선사의 '딴청'은 상황에 따라 다르게 분별하고 편견을 갖는 중생심에 내리는 경책이다. 그리고 이러한 중생심은 연꽃과 연잎이라는 언어석 분별에 기인한다. 언어의 고정적 의미에 매몰되면 사물의 숨겨진 단면을 볼 수 없다. 정육점 냉장고 안의 고기는 고기 이전에 생명이었다. 누군가의 부모나 자녀였을 것이고.

선사들은 주먹을 불쑥 내보이며 대뜸 이게 뭐냐고 묻는다. 주먹이라고 답했다간 혼쭐이 난다. 틀렸기 때문이다. 단지 손을 오므린 것일 뿐, 주먹이라는 건 원래 없다. 하지만 만성적인 언어 습관 탓에 십중팔구는 무심코 주먹이라고 내뱉는다. 손이라는 대답도 완전무결한 정답은 아니다. 손은 육체의 일부이니 몸이라고 답해도 무방하다. 팔과 손의 경계를 엄밀하게 구분하는 건 불가능하다. 그저 눈대중으로 대충 나눠 손이라고 명명한 것이다. '약속된' 진실일 뿐 있는 그대로의 진실은 아니다. 물론 존재의 양상이 이렇듯 애매하다는 이유로 방치해 둔다면 세상은 뒤죽박죽 뒤엉키고 판단력은 마비되고 만다. 선을 긋고 값을 매겨야만 인간은 합리적인 질서 속에서 안정적으로 생존할 수 있다. 분별하지 않는 인간은 바보뿐이다. 그러나 분별하는 정상인이 바보보다 즐거울 수 있을지는 의문이다.

분절화分節化는 언어의 대표적 특징이다. 예컨대 무지개의 색깔은 '빨주노초파남보'로 명확하게 갈라지지 않는다. 무지개를 자세히 들여다보면 색과 색의 경계가 서로 젖어 들어 있는 형국임을 알 수 있다. 어디부터 빨강이고 어디부터 주황이라고 한칼에 규정하기가 저어된다. 그래도 인간은 빨강과 주황, 주황과 노랑을 단호하게 떼어놓는다. 발그스레, 불그스름, 울긋불긋… 빨간색 안에는 무수한 스펙트럼이 존재하지만 언어는 단순히 빨강이라고 일관적으로 재단한다. 그래야 낱말을 익히기도 색깔을 이해하기도 그림을 그리기도 쉽기 때문이다. 자고로 세상에 적응하려면 매사에 '끊고 맺음'이 분명해야 한다. 이렇듯 거짓말을 남발하는 이유는 인간이 본래 악해서도 욕망에 잠깐 눈이 뒤집어져서도 아니다. 오랜 학습의 결과다.

우리가 주먹에 대해 아는 건 대개 주먹이라는 단어가 전부다. 이런저런 교육을 통해서 세상에 대해 배운다지만, 우리가 아는 것은 사물의 본질이 아니라 어휘와 개념일 뿐이다. 이들은 세상을 이용하기 위한 지식이다. 대충대충 알면서 다 아는 척 호들갑을 떤다. 모르면 모르는 대로 잠자코 살기도 한다. 알건 모르건 간에 그런 것들이 밥을 먹여주지는 않으니까.

자기 자신에 관한 앎도 이름 석 자를 벗어나지 못하는 수준이다. 내가 어디서 왔고 어디로 가는지, 왜 이 자리에 있으며 왜 있어야 하는지… 근원에 관한 질문 앞에선 꿀 먹은 벙어리가 된다. 언어 역시 말이 되는 세상에만 간섭할 수 있을 뿐이다. 말이 되지 않거나 말로는 풀 수 없는 문제에 대해서는 말문을 닫은 채 슬며시 꽁지를 내린다.

선禪이란 수중에 쥔 지폐, 자격증의 수량과 재질로 인간을 평가하는 세속에 대한 반성이다. 지위 이전의 존재를 묻고 평판 이전의 실재를 묻는다. 손을 손이라고 부르기 전에 손은 무엇이었을까. 자궁으로 이사오기 전 내가 살던 곳은 어디였을까.


## 본래 부처도 없는데 중생이라고 있겠는가

무심(無心)을 온전하게 간직하면 끝내는 부처도 존재하지 않는데 무엇을 중생이라고 하겠으며, 보리도 없는데 무엇을 번뇌라고 하겠는가. 홀연히 영원히 벗어나 시절을 따라 복을 받아들여, 밥을 만나면 밥을 먹고 차를 만나면 차를 마신다. 비록 시끄러운 세속의 거리에 있더라도 깊은 산속처럼 고요하니 애당초 두 종류의 견해란 없다.

保任此無心 究竟佛亦不存 喚甚作衆生 菩提亦不立 喚甚作煩惱 忽然永脫 應時納祜 遇飯喫飯 遇茶喫茶 縱處閙闠如山林 初無二種見

원오 극근(圜悟克勤)《원오심요(圜悟心要)》

장안불리촌보長安不離寸步라는 말이 있다. 아무리 멀리 떠난다 해도 장안(당나라 수도)의 행정구역에서 움직이는 것이기에 결코 장안을 벗어날 수 없다는 의미다. 뛰어봐야 부처님 손바닥 안이다. 물론 모든 것이 부처님 손바닥 위에 있으니 더없이 존귀한 셈이다.

조사선은 차이를 인정하되 차별을 용납하지 않았다. 그저 '다를' 뿐 '틀린' 것은 없다는 이야기다. 일심만법一心萬法. 세상에 존재하는 모든 것은 마음이 일으킨 결과라는 점에서 서로 등등하다. 무엇이 낫다 혹은 무엇이 못하다는 인식은 습관과 편견의 소치다. 보리와 번뇌가 둘이 아니다. 무명을 떠난 순수 지혜란 없다. 지혜는 반드시 무명을 밟고 일어선다. 선사들은 진정 깨닫고 싶다면 스트레스를 피하지 말고 스트레스의 중심으로 들어가야 한다고 재우쳤다.

언제나 무심이어야 하기에 작위는 금물이다. 일부러 번뇌를 일으킬 필요도 없지만, 일어난 번뇌를 곤혹스러워하거나 수치스럽게 여길 필요도 없다. 마음의 자연스러운 현상이기 때문이다. 마음이 일어나지 않으면 보리도 번뇌도 나타나지 않는다. 나타나지 않으니 사라질 일도 없다. 그러나 마음은 필연적으로 일어난다. 연기법이 인간의 힘으론 어쩌지 못하는 우주의 법칙인 것처럼, 생각도 생멸을 반복한다. 선사들은 불가피하게 발생한 번뇌를 회피하지 말고 차근차근 살필 것을 주문했다. 다만 내가 진정 왜 괴로운 것인지 진득하게 짚어보라고 권한다.

외부의 부정적인 자극은 잠깐이다. 그러나 사심私心이라는 사심邪心을 만날 때 자극은 고통으로 진화해 지속된다. '고귀한 내가 있다'는 아상我相과 '나의 앞길을 가로막는 네가 있다'는 인상人相과 '나는 고작 중생에 지나지 않는 못난 존재'라는 중생상衆生相과 '한 세상 살다 가면 그만인데'라는 수자상壽者相이 끼면 세상을 바라보는 관점에 균열이 생긴다. 이기심과 적개심, 열등감과 허무주의에 매몰돼 스스로를 막다른 골목으로 몰아세운다. 번뇌를 다루는 방법에 따라 인생은 판이한 양상으로 갈라진다. 세상의 어느 불이라도 머지않아 꺼지게 마련이다. 불을 만졌다면 잽싸게 손을 빼면 그만이다. 고통을 안겨준 불을 혼내주겠다고 불 속으로 뛰어들 것인가.

2005년 부처님 오신 날을 앞두고 수덕사 방장 원담 진성圓潭眞性 스님을 찾아뵈었다(지난해 돌아가셨다). 부처님이 이 땅에 오신 뜻을 묻고 설법을 청하기 위한 길이었다. 그런데 원담 스님은 대뜸 "부처님은 오시지 않았다"고 일갈하곤 말문을 닫았다. 당신의 법문을 정리해 인터뷰 기사를 써야 하는 나로서는 무척이나 난감한 일이었다. 짧지 않은 정적이 지난 뒤 스님은 다음과 같이 말했다. 마음에 사과 한 알이 툭 떨어지는 느낌을 받았다. 세상이 달리 보였다.

"부처님만 오셨는가. 일체중생이 다 같이 왔지. 중생이 없었으면 부처님도 없고 올 필요도 없었지. 부처님이 없었으면 어리석은 중생도 없고 세상은 그 모습 그대로 불국토이지. 당신들이 바로 부처님이란 사실을 아시오. 부처님을 먼 데서 찾지 마시오. 물론 이러한 진실을 알았다 해서 꿈나라 같은 현실이 도래하진 않는 법이오. 깨달았다고 해서 사람이 하늘을 날 수는 없는 일이요 범이 사슴을 잡아먹지 않을 수 없는 일이오. 오직 있는 그대로의 모습으로 살아가시오. 그것이 부처님의 길이자 여러분의 길이오."

## 지금의 '나'는 '너' 때문이다

> 어두움은 스스로 어두울 수 없고 밝음이 있기 때문에 어둡다. 밝음이 변하여 어두움이 되며, 어두움이 밝음으로 나타나는 것이다.
> 暗不自暗 以明故暗 以明變暗 以暗現明
>
> 조계 혜능 《육조단경》

혜능을 비롯한 조사들은 존재의 원리를 설명할 때 대법對法의 논리를 썼다. 예컨대 누가 '무엇이 상常의 의미냐'고 묻자 하택 신회荷澤神會선사는 '무상無常이 상의 의미'라고 답했다. 질문자가 상에 대해 물었는데 왜 무상에 대해서 이야기하느냐고 되물으면 '무상이 있기 때문에 상이 있는 것'이라고 거듭 말했다. 대주 혜해선사 역시 이런 식으로 받아쳤다. 무엇이 무위無爲냐고 물으면 유위有爲라고 답했다. 무위법을 물었는데 왜 유위라고 답하느냐고 따지면 즉각 이렇게 반박했다. "유는 무로 인하여 세우고, 무는 유로 인해서 나타나는 것이다. 본래 유를 세우지 않았다면 무는 무엇을 따라 생겨나겠는가."

유무뿐만 아니라 장단長短·고저高低·직곡直曲과 같은 물

질의 속성, 선악善惡·미추美醜·체용體用과 같은 추상적 관념, 범성凡聖·승속僧俗·노소老少와 같은 사회적 계급의 문제에 대해서도 동일하게 접근했다. 특정한 존재의 정체성은 다른 존재와의 차이를 통해 부각된다. 그 자체로는 아무런 의미도 가치도 지닐 수 없는 것이다. 두 손이 맞부딪쳐야 소리가 나는 것처럼 존재는 상즉相卽으로 인해 의미와 가치를 나눠 갖는다. 내가 있으려면 반드시 네가 있어야 하고 네가 있으려면 반드시 내가 있어야 한다. '이다'와 '아니다', '있다'와 '없다'의 공존은 숙명적인 진실이다. 대법은 존재의 한쪽만을 보는 변견邊見에 빠지는 우를 막기 위한 방편이다.

'임'의 의미를 '아님'에 기대어 설명하고 '아님'의 의미를 '임'에 기대어 설명했다. '임'과 함께 동시동소同時同所로 나타나는 '아님'을 존중함으로써 절대주의의 독선을 차단한 것이다. 아울러 '아님'에만 매달리지 않고 '임'에도 생각을 열어두어 상대주의의 허무 역시 극복한다. 대법의 논리대로나면 선이 늘어날 경우 악도 따라서 늘어나고 선이 줄어들면 악도 따라서 줄어들 것이다. 결국 조사선에서 강조하는 바른 삶은 악을 구하지 않을뿐더러 선도 구하지 않는 길이다. 이것이 중도中道다.

## 이것도 아니고, 저것도 아니고, 이것도 저것도 아니고, 이것 아닌 것도 저것 아닌 것도 아닌 것, 삶

일체는 진실이다. 진실이 아니다. 진실이기도 하고 진실이 아니기도 하다. 진실도 아니고 진실 아닌 것도 아니다. 이것을 불법이라고 부른다.
一切實非實 亦實亦非實 非實非非實 是名諸佛法
《중론(中論)》〈관법품(觀法品)〉

현대인들이 철석같이 믿는 논리가 배중률排中律이다. 배중률은 하나가 참이면 다른 하나는 거짓이고, 다른 하나가 참이면 하나는 거짓이라는 것이다. 곧 '이다'와 '아니다'는 결코 화해할 수 없는 원수라는 주장이다. 이것도 아니고 저것도 아닌 중간적 제삼자는 인정하지 않는다. 이분법의 근원이 되는 고전논리학의 기본이다.

배중률은 어쩌면 지식보다 전략의 범주에 속한다. 뭐든지 계산이 딱딱 떨어져야 살기가 편한 법이다. 승패를 분명히 가르고 승패에 따라 이익의 배분을 엄격하게 갈라야 문명이 성장한다. 임금은 임금이고 거지는 거지다. 언어에 따라 개념이 나뉘고 대우가 달라진다. 똑같이 손발과 이목구

비가 달린 인간이라고 거지를 임금과 동등하게 대했다가는, 수족과 머리가 잘리고 만다. 임금과 거지라는 엄격한 계급적 차별에서 인격적 존엄성은 무시되고 삶의 다양한 특성은 말소된다.

배중률은 배제와 차별의 논리학이다. 반면 불교는 중도와 조화의 논리를 지향한다. 극단의 양변을 가로질러[쌍차, 雙遮] 양변의 진면목을 드러낸다[쌍조, 雙照]. 왕후장상의 씨가 따로 없다고 한다. 왕후장상이라는 인식표를 붙이기 전에 모든 인간은 동등하다. 불교는 이러한 실상을 보여주겠다는 것이다. 말머리에 건《중론》의 사구부정四句否定은 의미론적 실체화에 대한 거부다. 이것과 저것이 뒤엉켜 공존하고 밥 먹듯이 뒤바뀌는 현실을 최대한 가깝게 드러낸 논리다. 모호해서 정확하다.

2.312748392+3.012738495 보다 2+3을 셈하는 게 훨씬 빠르다. 그러나 진실은 아니다. 그리고 계산하기 짜증난다고 무참하게 삭제해버린 0.312748392와 0.012738495는 얼마나 서럽겠는가. 언어 이후의 존재는 넝쿼하되 불평등하지만 언어 이전의 존재는 어지럽되 평등하다.

# 모두가 허튼소리

> 천 마디 만 마디 법문이 모두가 허튼소리. 나에게 한마디 있으니 죽은 뒤에 들어 보이겠다.
>
> 千偈萬偈 總是熱荒 我有一句 死後擧揚
>
> 경산 보인(徑山寶印) 《총림성사》

가끔 기자간담회에 불려간다. 으레 좋은 취지의 법회나 행사를 소개하는 자리는 무난하게 종결된다. 하지만 자신의 빼앗긴 권리를 되찾아달라는 민원 성격의 모임은 상당한 업무 스트레스를 유발한다. 궁지에 몰린 사람일수록 의도가 구린 사람일수록 말이 많다. 미안하지만 공감할 수 없는 명분과 흥분, 증거랍시고 마구잡이로 내놓는 자료에 시달리다 보면 머리가 얼얼해진다. 좀이 쑤셔 더는 못 견디겠다 싶으면 대담하게 실례를 범한다. 도대체 원하는 게 무엇이냐고 단도직입적으로 묻는다. 그러면 대부분 두 줄 이하의 문장으로 명쾌하게 정리된 답변을 얻을 수 있다. 8년째 남의 말만 주야장천 들어주다가 터득한 노하우다.

달변일수록 결국은 자기를 알아달라는 구걸인 경우가

대부분이다. 일찍이 노자는 《도덕경》에서 '말 잘하는 놈 치고 착한 놈 없다'고 쏘아붙였다. 말이 길어지면 진실은 간데 없고 말만 남는다. 미디어는 너무 많은 것을 말해주는 방법으로 아무것도 말해주지 않는다. 언어의 뻔뻔함은 선거철에 대목을 맞는다. 권력을 쟁취하는 과정에서 돈이 실탄이라면 말은 탄창이다. 탄창 없이 총알을 하나씩 넣고 쏠 수도 있겠지만 무척 불편한 일인 데다 모양새도 영 빠진다. 정치인들은 기가 막히게 말이 되는, 말 같지 않은 말을 찾아다닌다.

살아남으려면 끊임없이 입을 놀려야 한다. 덥다고 발가벗고 나다닐 순 없는 이치다. 숨 한 모금조차 갖고 싶지 않을 때, 그리하여 더 이상 내 몫을 요구할 필요가 없어졌을 때, 그때나 돼야 아무렇지도 않게 혀를 씹어 삼킬 수 있을 것이다.

## 부처님은 뒷간의 변기다

> 부처를 완전한 경지라고 여기지 말라. 나에게는 그것이 마치 뒷간의 변기와 같다. 보살과 나한도 목에 씌우는 칼과 족쇄같이 사람을 결박하는 물건들이다. 그러므로 문수보살도 앙굴리말라도 부처를 베어버리려 한 것이다.
>
> 莫將佛爲究竟 我見猶如厠孔 菩薩羅漢盡是枷鎖縛人底物
> 所以文殊仗劍殺於瞿曇 鴦掘持刀殺於釋氏
>
> 임제 의현 《임제록》

이 법문을 액면 그대로 받아들이면 부처님은 경외가 아니라 경멸의 대상이다. 나의 일거수일투족을 간섭하고 구속하니까. 인간인데 신神인 척 하니까. 무엇보다 눈여겨볼 것은 으레 이야기하는 살불살조殺佛殺祖 속의 부처와는 차원이 다르다는 점이다. 상징으로서의 불보佛寶가 아니라 자연인 '고타마 싯다르타'를 살해 대상으로 지목하고 있다. '우상을 타파하고 주체적으로 살라'는 교훈 수준을 멀찌감치 넘어섰다. 숫제 현행범 취급이다.

이름도 고약한 앙굴리말라. 그는 부처님이 살아 있을

당시 사람들을 마구 죽이고 손가락뼈를 모아 목걸이를 하고 다니던 엽기적인 살인귀였다. 그런데 임제선사는 천인공노할 악마를 옹호하는 동시에 부처님은 죽여 마땅한 놈이라며 이를 갈고 있다. 훼불毁佛의 극치다. 물론 설법하기 전에 일단 고함부터 지르고 보는 당신다운 기개가 엿보인다. 반전을 뒤집는 반전이요 욕설을 욕보이는 욕설이다.

무위진인無位眞人. 선사가 제시한 최고의 인간상이다. 쉽게 말해 자리에 연연하지 않는 사람이다. 지위·식견·연고·환경 등등 보이는 것들의 농간에 휘둘리면 참사람이 아니다. 그럴듯한 명예, 근사한 탐욕은 사람을 살리는 척하면서 죽여 버린다. 시력이 지나치게 좋아지면 쓰레기더미도 수라상으로 보인다. 사람들은 그 더러운 걸, 실제로 먹는다.

임제는 눈뜬장님들의 세상을 끔찍하게 역겨워했다. 부처님 앞에 엎드려 빌면 부처님이 삶을 책임져 주는가. 부처님이 보험인가. 누가 부처님을 신으로 만들었는가. 왜 제 입으로 스스로를 중생이라 깔아뭉개며 좀노둑실이나 하고 사는가.

《임제록》에서 그는 대중에게 '무위진인이 누구냐'고 수시로 묻는다. 멱살을 부여잡고 금방이라도 한 대 때릴 듯한 말투다. 상대방은 결국 이렇게 대답할 수밖에 없다.

"저요…."




## 그날그날을 가지고 놀아라

불(佛)이라는 한 글자는 영원히 듣고 싶지 않다.

佛之一字 永不喜聞

단하 천연(丹霞天然) 《전등록》


천연은 천연덕스러웠다. 개구쟁이와 패륜아의 경계를 위태롭게 혹은 흥미진진하게 넘나든 인물이다. 마음을 지푸라기처럼 여겼고 순간순간의 느낌에 '올인'했다. 그는 장안으로 과거를 보러가던 중 여관에서 어느 선객(禪客)을 만났다. 관리를 선발하는 일이 부처를 뽑는 것만 하겠느냐는 선객의 '거드름'에 그 길로 내처 머리를 깎았다. 귀가 거의 날아다니는 수준이다. 거꾸로 생각하면 별다른 고민 없이 본전에 대한 집착을 과감히 떨칠 수 있는 자유가 무척이나 부럽다.

더욱이 '쩐'과 '쫑'의 전쟁, 합법적인 야바위로 명리를 다투는 요즘 세태에선 맛만 보기도 어려운 라이프스타일이다.

그의 객기는 권위와 우상 앞에 서면 광기로 진화했다. 은사인 석두선사가 내리는 계戒를 면전에서 거부했고, 마조의 회상에서는 법당에 난입해 다짜고짜 불상 위에 올라탔다. 인생 정말 막 산다. 하지만 마조는 외려 '천연이 진짜 내 자식'이라며 천둥벌거숭이를 추켜세웠다. 큰스님의 '비호' 탓인지 당돌한 성격은 전혀 차도를 보이지 않았다. 한번은 몹시 추운 겨울날 목불木佛을 태워 몸을 녹였다. 누군가가 나서 불경不敬을 꾸짖자 목불에서 사리를 꺼내는 시늉을 하며 놀렸다. 엿 먹고 입 닥치라는 거다. 천연은 삼백 명의 제자를 거느렸고 입적한 뒤 지통智通이란 시호를 받았다. 터럭의 아부와 로비 없이도 역사에 당당히 이름을 남겼다는 사실이 놀라울 따름이다.

천연의 일탈은 선가에서 지향하는 무념무작無念無作의 경지에 값한다. '고프면 먹고 졸리면 잔다'는 무시무시한 무위無爲 말이다. 아무것도 모르는 어린아이마냥 그날그날을 가지고 놀았다. 하긴 철들어 봐야 남이 편하지 내가 편한 건 아니다.

## 나를 밟고 가야 내 아들이다

부처는 다만 가고 오는 자유다.
佛只是去住自由

백장 회해 《고존숙어록》

선가에서 스승의 깨달음이 제자에게 이어지는 것을 전등傳燈이라고 한다. 깨달음을 등불에 빗댄 것이다. 육조 혜능의 제자들은 스승의 법등을 다섯 조각으로 나눠 가졌다. 이른바 오가칠종五家七宗으로 당나라 말기에서 송나라 초기까지 일어난 분화를 가리킨다. 위앙종潙仰宗·임제종臨濟宗·조동종曹洞宗·운문종雲門宗·법안종法眼宗을 말한다. 송대宋代에 임제종이 황룡파黃龍派와 양기파楊岐派로 갈라져 7종으로 확대됐다. 규봉 종밀은 《선원제전집도서》에서 당나라 중기의 선종을 우두종牛頭宗·북종北宗·남종南宗·하택종荷澤宗·홍주종洪州宗 등 많은 종파로 구분했다. 그러나 당말에는 남종의 남악南嶽과 마조馬祖의 계열, 청원青原과 석두石頭의 계열만 잔존했다. 단하 천연은 청원의 문하였다.

분등선分燈禪은 조사선의 심화다. 분등선은 조사선에 대

한 '반역'의 형식으로 등장했다. 교조인 혜능의 깨달음까지 북북 찢어버렸다. 아들이 아비를 짓밟고 손자가 아들을 짓밟는 '패륜'이 미덕이었다. 스승은 제자가 자신을 이길 때까지 흠씬 두들겨 팼고, 마침내 이겨주면 즐거워했다. 즉심즉불卽心卽佛을 넘어 비심비불非心非佛을 말했다. 마음도 부처가 아니라는 선언이다. 그렇다고 마음이 아닌 다른 무엇을 진리로 설정하지 않았다. 다만 오로지 '아닐' 뿐이었다. 초불超佛이다.

 혜능의 아들들은 완전한 자유에 도달하기 위해 아비를 부정했다. 물론 즉심즉불이나 비심비불이나 전혀 딴판인 내용은 아니다. 비심비불은 단지 공부의 방식에 관한 문제 제기라고 보는 게 옳다. 조사선이 점수漸修라는 공부법의 개혁이었던 것처럼, 분등선은 마음공부의 측면에서 새로운 지평을 열었다. 아버지와 아들이 그저 분가分家해 산 것일 뿐 살림의 모양과 크기는 비슷했고 사이가 소원하지도 않았다. 혜능이 마음에 대한 절대 긍정으로 법을 세웠다면 제자들은 마음에 대한 절대 부정으로 법을 세웠다고 말하는 게 적확하다. 모두 본래면목으로 돌아가기 위한 차편車便이다. 모든 것을 긍정하든 모든 것을 부정하든 남는 것은 아무것도 없으니까. 추호의 분별도, 눈곱만한 망상도 없는 무無.

누군가 마조에게 "왜 즉심즉불을 설했느냐"고 묻자 마조는 "아이의 울음을 그치게 하기 위해서였다"고 답했다. "울음을 그치면 어떻게 하겠느냐"고 되묻자 "그러면 비심비불"이라고 답했다. 여기서 울음이란 분별과 망상으로 인한 번뇌와 고통으로 풀이할 수 있다. 즉심즉불은 마음이 곧 부처라는 점을 주지시켜 마음의 바깥에서 구하는 데서 오는 갈등과 불만을 잠재우려는 방편이었다. 그런데 즉심즉불을 통해 안락과 자유를 얻으면 그만인데, 중생은 다시 마음을 대상화한다. 마음이 어쩌니 부처가 어쩌니 떠들며 또 다른 상相에 속박된다. 이때 마조는 마음이 곧 부처라는 명제 역시 한낱 말이요 허구라는 충고를 찔러 넣었다. 순간순간 자유롭고 순간순간 거듭나라는 것. 분등선은 자아를 해체하고 마음을 해체하고 부처를 해체하는 공부였다. 한층 날카롭게 벼린 무애無碍였고 우마牛馬 위를 달리던 자유는 비행기로 갈아탔다.

## 위대한 오줌, 신령한 먼지

무엇이 진정한 부처의 마음입니까? 담장의 기왓장이다.

什麼是古佛心 牆壁瓦礫是

남양 혜충(南陽慧忠) 《동산오본선사어록(洞山悟本禪師語錄)》

비심비불을 강조한 혜능 이후의 선사들은 마음이란 단어를 가급적 사용하지 않았다. 혜능이 마음의 본체와 작용에 관해 비교적 자세히 설명한 것과 대조적이다. 자칫 마음을 형상으로 인식해, 관념적인 사변에 매몰되는 우를 범할까 걱정됐기 때문이다. 네가 곧 부처이니 자신 있고 당당하게 살라고 기껏 가르쳐놨더니, 이제는 또 마음이란 것을 우상화하는 멍청이들이 나올까 봐서.

선사들은 진리를 묻는 질문에 줄곧 상식 밖의 대답을 던졌다. 일순 마음에 떠오른 단어를 두서없이 내지르는 느낌이다. 괴성과 비슷하고 욕설을 닮았다. 고직 두세 음질을 조합하는 일조차 귀찮게 여기는 선사들도 있었다. 고함이나 방망이로 대답을 대신하는 경우도 허다하다. 그들이 즐기는 언어는 이성과 관습이 거세된 '날말'들이었다. 분별이 필요한 이성과 타성(惰性)이 필요한 관습은 초(超)자유를 추구하는 그들의 생리에 전연 맞지 않았다. 조사들의 언행을 기록한 어록은 조사선을 연구하는 데 있어 매우 중요한 자료다. 그런데 어느 어록이나 특별한 사상을 세우지 않는다. 도(道)라는 둥 부처라는 둥 궁극의 이상이나 진리를 연역하지 않고 귀납하지 않는다. 그날그날의 삶을 그냥 보여줄 뿐이다. 지금 있는 그대로의 자신, 자성(自性)에 충실했던 것이다. 세상사 있는 그대로가 절대적인 진실이라며.

혜능은 인간의 마음에 초점을 맞췄다. 인간의 마음이 부처라는 것이었다. 분등선에선 불성의 범위가 인간과 유정물을 넘어 무정물까지 확장된다. 덕분에 나무와 돌, 오줌과 먼지가 부처와 동등한 반열에 올랐다. 탈(脫)계급화의 절정이다. 눈앞에 보이는 것 이상의 신령을 말하지 않았고 길 위에 나뒹구는 것 이상의 가치를 말하지 않았다. 엄혹한 신분사회에서 미물의 존엄을 복원한 경이로운 발상이다.

우열이라는 차별을 극복한 시선으로 보면, 인간이나 짐승이나 먹고 자고 눈다는 점에서 매한가지다. 다만 먹고 자고 누는 형식만이 다를 뿐이다. 나무에겐 나무의 삶이 있고 돌에겐 돌의 삶이 있다. 그들도 우리처럼 태어나 성하다가

쇠하고 사라진다. 밥이 똥을 만들고 똥이 밥을 만든다. 똥은 거름이 되어 숲을 먹이고, 사람은 숲에서 나무를 가져다 쓴다. 과거에 누군가 남긴 배설물이 현세의 찬란한 문명에 기여하고 있는 셈이다. 청정은 오탁의 조력 없이 자신을 뽐내지 못한다.

조사선이든 분등선이든 더우면 시원한 곳을 찾고 추우면 따뜻한 곳을 찾는 것 이상의 수행을 요구하지 않았다. 평상심平常心은 무념의 또 다른 표현이다. 사람의 마음을 가감 없이 드러내는 일이고 그것이 불심이다. 일체의 조작과 위선을 벗어던진 가장 단순하고 소박한 마음이다. 졸리면 자고 고프면 먹는 것 이상의 욕심을 거부하는 마음이다. 자연과 일치된 마음이다. 기대하지 않고 후회하지 않는 마음이다. 한 걸음 나아가 기대하는 마음을 부끄러워하지 않고 후회하는 마음을 탓하지 않는 마음이다.

## 무위진인

도를 배우는 이들아, 너희들이 부처가 되고자 한다면 일체 만물을 따라가선 안 된다. 마음이 나면 갖가지 법이 나고 마음이 없어지면 갖가지 법이 없어지니, 한 마음이 나지 않으면 만법에 허물이 없다. 세간이건 출세간이건 부처도 없고 법도 없다. 나타난 적도 없고 없어진 적도 없다. 설혹 있다 하더라도 모두가 명칭과 말, 개념과 문장일 뿐이다. 어린아이를 달래고 병의 성질에 따라 약을 달리 쓰는 것과 같다. 명칭과 개념으로 표현되더라도 그 자체가 명칭과 개념은 아니다. 도리어 그대들 눈앞에 소소영령하게 비추어 느끼고 듣고 알며 반조해 보는 그것이 모든 것에 명칭과 개념을 붙이는 것이다.

道流 爾欲得作佛 莫隨萬物 心生種種法生 心滅種種法滅 一心不生 萬法無咎 世與出世 無佛無法 亦佛現前 亦佛曾失 說有者 皆是名言章句 接引小兒 施設藥病 表顯名句 且名句 不自名句 還是爾目前昭昭靈靈 鑑覺聞知照燭底 安一切名句

임제 의현 《임제록》

부처를 죽이고 조사를 죽여라… 왜 살불살조殺佛殺祖를 재촉했을까. 부처님을 죽이는 행위는 예로부터 오무간업伍無間業

의 하나로 승단에서 철저히 금기시됐다. 오무간업은 지옥 가운데서도 가장 밑바닥에 있는 지옥에 떨어질 다섯 가지 악행을 가리킨다. 살불殺佛을 비롯해 아버지를 죽이는 살부殺父, 어머니를 해하는 해모害母, 부처님의 몸에 피를 내는 출불신혈出佛身血, 경전과 불상을 파괴하는 분소경등상焚燒經等像을 말한다. 살불은 가장 불경하고 악랄한 존속살해에 해당한다. 살상은 고사하고 부처님을 험담하는 일조차 용서가 되지 않았다. 그럼에도 임제는 "오무간업에 떨어지더라도 깨달음을 얻어야 한다"고 말했다. '부처를 죽여야 성불한다'는 황당하기 짝이 없는 주문이다. 심지어 '만나면 바로 죽이라[逢著便殺]'고 강조했다. 인간이 상상할 수 있는 최악의 고통을 당하더라도 부처와 조사 앞에 무릎 꿇지 말라는 다그침. 세인들의 존경을 받는 큰스님이었음에도 교리를 헐뜯고 권위를 깔봤다. 무위진인無位眞人. 처한 신세에 개의치 말아야 참사람이라. 상식을 벗어난 언행은 상식을 바로잡으려는 노력이었다. '사람'처럼 살지 마라. 진정으로 사람답게 살고 싶다면.

임제선사가 오무간업에 대해 내린 과감한 재해석에서는 절대 자유를 향한 강한 집념을 느낄 수 있다.《임제록》에 따르면 그에게 아버지를 죽인다는 것은 무명無明을 없애는 일이요, 어머니를 해친다는 것은 애욕愛慾을 끊는 일이었다. 부처님의 몸에 피를 낸다는 것은 청정한 법계法界에서 한 생각도 내지 않고 무한한 자유를 누리는 일이요, 승단僧團의 화합을 파괴한다는 것은 허공과 같이 꾸밈이 없는 곳에 도달하는 일이었다. 경전經典과 성상聖像을 불태운다는 것은 인연법이 공하고 마음이 본래 공하다는 것을 깨달아 일체의 형상을 초월하는 일이었다. 모든 연줄로부터의 해방, 모든 가치로부터의 탈주를 시도하고 있다. 인연이 다하면 허무하게 사라질 헛것이고, 일일이 참견하며 자유를 구속하는 잡것이니까. 오직 스스로 부처이므로 받들어야 할 것도 기대야 할 곳도 없음이다. 열심히 시달린 당신, 떠나라는 것이다.

구질구질한 관계 맺기. 사람이 상대방의 정체를 파악할 때 먼저 그의 이름부터 확인한다. 그런 다음 직업의 유무를 알아보고 무슨 일을 하는지 물어본다. 무직이라면 기겁을 한다. 고소득 전문직이라면 반기고 저소득 비정규직이라면 내친다. 직업이 만족스럽다 싶으면 관심의 영역은 당사자의 과거와 주변으로 확대된다. 어느 대학을 나왔는지 따지고 부모가 가진 재산과 지위의 무게를 궁금해 한다. 이런에 도움을 줄 만한 '인사'는 몇 명이나 아는지 살핀다. 이 사람을 정말 신뢰할 수 있는가를 평가하기 위해 '너의 본래면목이 무엇이냐'고 묻지는 않는다. 미친놈 취급당하기 십상이니까. 비단 맞선 자리에서만 이런 풍경이 벌어지는 건 아니다. 사람은 이러한 질문들에 당당하게 대답하기 위해 '쩐'을 벌고 '쫑'을 딴다. 그리고 남들에게 똑같이 이런 식으로 묻는다. 때론 조심스럽게 때론 오만하게. 본능적인 비교에 따른 동경과 멸시가 설치지 않는 삶의 현장은 잠을 잘 때뿐이다. 오늘 밤에 꿈이라도 꾸면 이 말을 즉시 번복해야 할지 모른다. 나이가 들고 필요한 것이 많아질수록 증세는 더 심해진다. 체면을 잃지 않기 위해 끊임없는 '자리싸움'에 몰두한다. 살면서 수많은 사람을 만나고 수많은 사건을 맞닥뜨린다. 그들 혹은 그것들과의 조우는 필연적이다. 그들과 그것을 얼마나 많이 확보하고 가공하고 활용할 줄 아느냐가 사회적 성공의 관건이다. 치부致富는 대개 손에 지닌 명함의 개수와 꼼수의 강도에 비례한다. 게다가 이미지가 곧 현실이 되는 시대다. 허상과 편견에 의지하지 않고서는, 인격적으로 대접받고 살길 요원하다. 남들의 시선을 즐겁게 하기 위해, 남들의 수다를 멋지게 만들기 위해, 인생을 쏟아 붓는 것이 속인들의 인생이다.

이렇게 관음증의 대상이 되고 싶어 안달이 난 삶들에 어깃장을 놓는 것이 무위진인이다. 원래부터 좋고 원래부터 나쁜 것은 없다. 훌륭하고 비천하다는 가름은 천명이 아니다. 자기 안의 마음이란 녀석이 그렇게 정했을 따름이다. 마음이 움직이지 않는다면 세상도 움직이지 않는다. 가치와 관습은 착각이요 명칭과 개념은 허깨비다. 그러나 마음은 기필코 움직인다. 천방지축으로 날뛰는 마음을 어떻게 가라앉히고 어떻게 바람직한 방향으로 북돋울 것인가. 불성의 몫이다.

사회의 질서를 유지하기 위해 명칭과 개념은 있어야 하고 가치와 관습은 효력을 발휘해야 한다. '아버지'를 무시하고 '범죄'를 방치한다면, 세상은 삽시간에 아비규환이 된다. 사람이 해서는 안 되는 일을 정해두지 않으면 사람은 사람을 잡아먹고도 흥겨울 것이다. 야구 경기에서 심판이 장외홈런을 뜬금없이 아웃으로 판정한다면 관중이 난동을 부릴 게 뻔하다. 윤리와 법률, 각종 제도는 인간의 삶을 평안하고 윤택하게 하기 위한 일종의 룰과 같다. 그러나 게임의 법칙을 완벽하게 숙지하고 있다고 해서, 인생을 안다고 추켜세울 수는 없는 노릇이다. 게임의 법칙을 교묘하게 악용하는 타짜들을 부처님으로 받드는 것도 천만부당하다. 룰이란 원래 있었던 것이 아니라 임의로 만든 것이다. 노름의 영욕이 싫으면 판에 끼지 않으면 그만이다. 물론 판에 끼지 않으려면 용기가 필요하다. 인간이 판을 벌이기 전에도 모든 것은 언제나 제자리에 있었다.

유위有爲의 법들이 살가운 방식으로만 작용한다면 문제 될 게 없다. 그것을 적절하게 이용하면 그만이다. 그러나 인간은 유위법의 노예가 되기 일쑤다. 내가 생각을 하다 보면 어느샌가 생각이 나를 부리는 때를 맞는다. 자리와 체면에 급급하다가 자신감과 자족감을 잃는다. 내가 남에게 어떤 대접을 받고 있는가를 고민하기 전에, 나 스스로 나를 어떻게 대접하고 있는가를 반문해 볼 일이다. 직업이 어떻든 학벌이 어떻든 행색이 어떻든 아무래도 상관없다. 마음의 농간에 넘어가지만 않는다면 두 눈을 씻고 봐도 모든 게 부처다. 누구나 무위진인이다. 도끼의 귀가 길다고 타박하지 않고 소에게 뿔이 있다고 나무라지 않는다면.

## 코뚜레를 용납하지 않는 소

삼세의 모든 부처님은 노비이고 대장경의 설법은 눈물과 침이다.

三世諸佛是奴婢 一大藏敎是涕唾

금산 담영(金山曇潁) 《오등회원》

경허 성우鏡虛惺牛 선사는 근대 한국불교의 중흥조로 칭송받는다. 그러나 당신은 교단을 새로 만들기는커녕 절 한 채 지은 적이 없다. 후대는 '중생 교화와 불교 발전에 이바지한 위대한 선승'이라고 상찬하지만 정작 스님의 일생은 그다지 거룩하거나 아름답지 않았다. 일찍이 유불도儒佛道 삼교三敎에 통달, 23세에 공주 동학사의 강주講主가 됐다. 지금으로 치면 약관의 나이에 대학 학장으로 부임한 셈이다. 학식과 덕망을 겸비한 인재였다. 그러나 스님이 역사의 전면으로 부각된 계기는 자신의 '반듯한' 정체성을 제 손으로 부숴버리면서부터다.

어느 날 만행을 하다가 전염병이 창궐한 마을에 들르면서 인생이 180도 바뀌었다. 질병이 잔인하게 뜯어먹은 주검더미를 목격하자 죽음에 대한 절대 공포가 엄습했다. 스님은 그간 자신의 '문자 공부'가 두려움을 해소하는 데 아무 소용이 없음을 절감했다. 분하고 절박했다. 다행히 무사 귀환한 스님은 학인學人들을 전부 내쫓고 방문을 잠갔다. '나귀 일이 끝나지 않았는데 말의 일이 닥쳐왔다'는 화두를 들고 삼 개월 동안 조용한 혈전을 벌였다. 문득 문밖에서 '소가 되어도 고삐 뚫을 구멍이 없다는 것이 무슨 말인가'라는 소리를 듣고 홀연히 대오했다.

존재의 '빅뱅'을 경험한 이후의 삶은 야수에 가까웠다. 해인사 조실 시절엔 나병에 걸린 떠돌이 광녀를 데려와 같은 방에서 며칠 밤낮을 끌어안고 잤다. 제자들은 스승의 망측한 엽색이 외부에 탄로 날까 애간장을 끓였다. 하지만 스님의 민망한 행각은 생전 따뜻한 말 한마디 받아보지 못했을 '벌레'에게 베푼 작은 정성이었다. 당신의 극단적인 자비를 이해하기에 세상은 너무 겁이 많았다.

파격과 기행은 스님의 일상이었다. 큰스님으로 '성공'힌 아들에게 특별 법문을 칭하는 친모 앞에서 별인긴 옷을 발가벗고는 대뜸 윽박을 질렀다. "이 모습을 보고 내 자식 내 아들이라고 하지만 이것은 나의 본래 모습이 아니요!" 스승의 배 위에 똬리를 틀고 있는 뱀을 보고 기겁한 제자에게 실컷 놀다가 가게 그냥 내버려두라며 계속 잠을 청한 야담에도 서슬 퍼런 기개가 서렸다. 통념에 갇힌 눈으로 보면 이만큼 극적인 기담도 없을 것이다. 그러나 스님은 그저 사실에 충실했을 뿐이다. 자유자재로 자신을 높이고 낮췄다. 높여도 오만하지 않았고 낮춰도 비굴하지 않았다. 있는 그대로를 보면 명예를 향한 집착도, 두려움이라는 두려움도 봄바람에 녹는 고드름이다.

한번은 만석꾼 집으로 탁발을 갔다. 만석꾼은 "내 집 대문 앞에 와서 목탁을 치는 것을 보니 곡식이라도 좀 얻어갈 요량인가 본데, 그대는 과연 중인가 비렁뱅이인가"라며 스님을 희롱했다. 노골적인 비하에 격노할 법도 하지만 스님은 공손히 합장을 한 채 태연하게 말했다. "절에서 살며 수행하고 있으니 중이 분명하옵고, 오늘은 양식을 빌러 왔으니 비렁뱅이 또한 분명한가 합니다." 스님의 하심下心에 감복한 부자는 무례를 뉘우치고 시주를 푸지게 내놓았다. 당대의 웬만한 고승들이 진흙 속의 연꽃을 감상하는 수준에 그칠 때 당신은 진흙 속으로 들어가 나뒹굴었다. 진실이 아니면 견디지 못했다. 도저히 코뚜레를 뚫을 수 없는 소였다.

죽어서 신화가 된 영웅의 삶은 대부분 지옥이었다. 경

허선사 역시 말년에 환속해 벽촌에서 훈장 일을 하다가 생을 마감했다. 아무도 자세한 행장을 알지 못했고 알리지 않았다. 길들일 수 없었기 때문에 세인들은 그를 피하거나 무시했다. 그래도 괘념할 것 없다. 원래 자신의 진실은 자신만이 알 수 있는 거니까. 다만 부처의 속내를 정확히 꿰뚫고 있었다는 것은 분명해 보인다. 부처를 따르지 않는다면 부처는 이를 슬퍼할 것이나 부처를 뛰어넘지 못한다면 부처는 그를 증오하리란 것.

### 황제여, 너는 멍청하다

---

경전을 외우면 똑똑해지고 계를 지키면 천상에 태어나며 남에게 베풀면 복을 받을 것이다. 그러나 거기에 부처는 없다.
誦經得聰明 持戒得生天 布施得福報 覓佛終不得也
보리달마 《혈맥론》

---

보리달마의 외모는 그의 사상적 영향력만큼이나 기념비

이다. 대머리에 툭 튀어나온 이마, 아무렇게나 자란 수염, 구부정한 자세, 무겁게 일그러진 표정에 박힌 퀭한 눈동자… 통념적인 성직자의 이미지와는 천양지차다. 후대인들도 성인의 몰골이 부끄러웠는지, 빙의가 잘못돼 산적과 육신이 뒤바뀌었다는 설화를 슬쩍 삽입했다. 하지만 그가 별다른 특징 없이 잘 생기기만 했더라면, '달마도' 시장이 이토록 번성하지도 못했을 것이다. 달마도를 사는 사람들은 그의 얼굴에 배인 섬뜩한 귀기가 집안의 행운으로 승화되길 바라며 지갑을 연다. 달마는 얼굴로도 역사에 커다란 획을 그은 셈이다.

달마가 창시한 중국의 선종(禪宗)은 불교사상사에 가히 혁명을 일으켰다. 오늘날엔 서양에서도 선을 주목해야 할 가치로 섬긴다. 물론 당사자는 결코 유쾌하게 여기지 않았을 인기다. 달마 스스로는 사후의 엄청난 성공을 예견하지 못했을 것이다. 그는 살아서도 출세를 기대하지 않았다. 얼굴에서 분출되는 특유의 카리스마에선 일생을 관통했던 고독과 거부를 읽을 수 있다. 침묵과 인내로만 세상을 상대했고 어쩌다 입에서 나오는 말들은 짧고 날카로웠다. 부처님을 경배하지 않았고 황제 앞에서도 몸을 낮추지 않았다. 자취

없이 떠나려던 그에게 달마도의 흥행은 어쩌면 엄청난 모욕이다. 단순히 초상권을 보상받지 못해서는 아니다. 부질없는 망상에 돈을 거는 중생들이 그저 한심했을 것이다. 자기 자신을 신뢰하지 않는 이들을 곱게 봤을 리 만무하다.

달마가 동쪽으로 왔을 때 중국은 남북으로 나뉘어 있었다. 한족을 중원에서 몰아낸 '오랑캐'들이 지배하던 북조北朝와 패배한 한족이 양자강 이남에 차린 남조南朝의 시대였다. 남조는 양梁을 건국한 무제武帝의 치하였다. 그는 하늘 이전에 부처님을 받든 희귀한 천자였다. 남조불교의 전성기를 이룩한 무제는 달마를 궁궐로 초청해 환담을 나눴다. 그는 달마를 귀빈으로 모셨다. 아마도 반야다라에게서 심법을 전수한 부처님의 28대손이라는 '명함'을 지녔기 때문일 게다. 그러나 융숭한 대접 끝에 돌아온 보답은 불손과 멸시였다.

무제는 달마에게 자신이 그간 성취한 불사佛事들을 열거하며 전륜성왕轉輪聖王으로서의 자부심을 드러냈다. "짐은 즉위한 이래 수많은 절을 짓고 경전을 펴내며 교단을 후원했소. 어떤 공덕이 있겠소." 황제는 찬탄을 기대했겠지만 달마의 대답은 의외였고 간결했다. "없습니다." 당황한 황제는 왜냐고 물었다. 달마는 그림자는 눈에 보이지만 실체는 아닌 것처럼 불사 역시 허상이라고 지적했다. 아울러 진정한 공덕은 청정한 지혜의 완성이요, 청정한 지혜란 형상을 초월한 것이니 세속적인 방법으로는 도달할 수 없다고 강조했다.

하늘 아래 만상萬象을 지배했던 황제가 일개 이방인 승려에게 무시당한 격이다. 자존심이 상한 황제는 대노했다. "그대가 말하는 성스러운 진리의 으뜸가는 뜻은 무엇인가." 부처님이 설파한 교리의 궁극에 대해 고하라는 것이었다. 달마의 대답은 역시 간결했고 한층 모멸적이었다. "텅 비어서 성스럽다고 할 게 없습니다[廓然無聖]." 연달아 면박을 당한 무제는 기가 막혀 "그대는 도대체 누구냐"고 쏘아붙였다. 달마는 "모르겠다[不識]"며 끝까지 기를 꺾지 않았다.

'不識'은 엄밀하게 말하면 '모르겠다'가 아니라 '식이 아니다'로 번역하는 게 걸맞다. 식識이란 분별에 의해서 얻는 지식과 견해를 뜻한다. 식識이 중생심의 작용이라면 불식은 불심의 작용이다. 무제는 성스러움을 따로 걸러 이를 성스럽지 않음과 구분하고 성聖과 비성非聖에 상응하는 실체가 있다고 믿는 사람이다. 동서고금을 막론하고 거의 모든 장삼이사들이 답습해 온 유위有爲의 사유를 따르고 있다. 달마는 식에 얽매이는 삶이 얼마나 사람을 아프고 어리석게 하는지 직시했기 때문에, 불식이란 대답으로 무제의 각성을 촉구한 것이다. 그러나 달마의 조언은 무제라는 인격이 삼킬 수 있을 만큼 달고 부드럽지 않았다. 달마의 본심을 이해하지 못한 무제는 달마를 내쫓았고 달마 역시 미련 없이 발길을 돌렸다. 불교를 겉핥기로만 다가가는 남조불교에는 희망이 없다고 판단하고 양쯔강을 건넜다.《벽암록》제1칙에 소개된 달마와 무제의 대담이다.

　달마는 무제가 자부심을 가지고 지켜온 가치를 통렬하게 부정했다. 무제는 불교를 전폭적으로 지원했을 뿐만 아니라 나름 자비를 이데올로기로 삼아 선정을 베풀었다. 패륜과 학정을 본분처럼 일삼은 기존의 황제들과는 차별화된 캐릭터다. 착한 권력이었을 것이다. 하지만 달마는 그것을 별반 귀하게 여기지 않았다. 착하게 산다고 해서 깨달을 수 있는 건 아니니까. 미안하지만 진실을 속일 순 없었을 것이다.

　불교나 기독교에 대해 무관심한 사람은 불상이나 십자가를 봐도 아무런 감흥을 느끼지 못한다. 즉 불교나 기독교를 믿는 신자에게만 성스러움이란 의미가 발현된다. 곧 유한하다. 형상은 특정한 시간과 장소에서만 유효하다. 더불어 모두에 의한 공유가 아닌 소수에 의한 독점의 형식으로 뿌리내린다. 형무소에 갇힌 죄수들은 봄날의 꽃놀이를 즐기는 상춘객들의 기쁨에 접근할 수 없다. 신전神殿이 눈부시게 빛나는 이유는 목숨 바쳐 신전을 세운 노예들의 땀과 눈물을 머금었기 때문이다. 교리와 규범이 자유와 평등이 아닌 차별과 억압에 복무하는 사례를 숱하게 봐왔다. 교리와 규범, 신성과 공덕은 남들이 지어낸 이야기일 뿐이다.

《금강경》의 사구게四句偈는 진정한 자유에 대해 이야기하고 있다.

무릇 형상이 있는 것은 모두가 다 허망하다. 만약 모든 형상이 본래는 형상이 아님을 보면 곧 깨달으리라.
[凡所有相 皆是虛妄 若見諸相非相 則見如來]

보이는 것에 현혹되지 말며 소리와 냄새, 맛과 촉감, 생각에도 속지 말라. 어디에도 머무는 바 없이 살아야 한다.
[不應住色生心 不應住聲香味觸法生心 應無所住 而生其心]

만약 육신으로써 부처를 보려 하거나 목소리로써 부처를 구하려 한다면 이것은 잘못된 공부다. 결코 깨달을 수 없다.
[若以色見我 以音聲求我 是人行邪道 不能見如來]

인연에서 비롯된 모든 현상은 꿈과 같고 환상과 같고 물거품과 같으며 그림자 같으며 이슬과 같고 번개와 같으니 반드시 이와 같이 보거라.
[一切有爲法 如夢幻泡影 如露亦如電 應作如是觀]

유위는 연기법에 의해 생성된 모든 것을 가리킨다. 인연에 의해 태어난 만상은 인연에 의해 죽게 되어 있다. 인연에 종속되지 않는 생명은 없고 인연에 굴복당하지 않는 세계는 없다. 만물은 독립적인 본질이 없어 이쪽에서 보면 물거품 같고 저쪽에서 보면 그림자 같다. 결국 어느 한쪽을 고집한다면 존재의 반쪽만을 보고 진실을 알았다고 떠드는 것이다. 우리보고 개를 먹는다고 욕하는 프랑스인들은 달팽이를 먹는다. 신神은 뒤통수를 보지 못한다.

한편 달마와 무제의 대화는 내용뿐만 아니라 형식에서도 선禪이 나아갈 길이 무엇인지를 강렬하게 보여준다. 달마는 오줌과 주스를 구별하지 못하는 황제를 나무라고 무시했다. 절대 권력의 면전에서 목숨을 걸고 '무성無聖'을 증명해 보인 셈이다.

## 괜찮다, 나아질 것이다

무쇠소는 사자의 포효를 두려워하지 않는다.

鐵牛不怕獅子吼

방온(龐蘊) 《방거사어록(龐居士語錄)》

혁명의 출발은 언제나 가시밭길이다. 부처 너머의 부처, 깨달음 너머의 깨달음을 지향했던 선종이다. 부처와 깨달음에 매몰돼 있던 제도권의 시각에서 보면 영락없는 이단이다. 당대의 주류가 쏟아내는 질시와 박해는 당연한 수순이었다. 그들은 달마의 혁신적인 사상을 마설魔說이라고 헐뜯었다. 말 그대로 악마의 이야기라는 것이다. 그러나 달마는 진실을 포기하지 않았다. 대신 진실을 지키기 위한 시간과 인내를 길렀다. 친설親說로 알려진 '이입사행二入四行'에는 억울한 오명에 시달려야 했던 그의 인간적 고뇌가 엿보인다.

이입사행이란 도道에 이르는 두 가지 경로와 네 가지 실천이다. 이입二入은 이입理入과 행입行入으로 나뉜다. 이입理入은 경전을 읽어서 깨닫는 것이고 행입은 실천으로 깨닫는 것이다. 달마는 이입보다 행입에 주안점을 뒀다. 살면서 책을 읽는 시간은 극히 일부분에 지나지 않는다. 반면 밥 먹을 일, 돈 먹을 일, 욕먹을 일, 겁먹을 일은 사방에 흐드러졌다. 행입은 보원행報怨行과 수연행隨緣行, 무소구행無所求行과 칭법행稱法行으로 세분된다. 인생의 고역을 스스로의 업보로 여겨 감내하는 일이 보원행이요, 삶의 희로애락을 모두 인연에 의한 것으로 보고 덤덤하게 자신의 길을 가는 일이 수연행이다. 일체를 공空으로 인식해 탐욕을 버리는 일이 무소구행이요, 진리에 합당한 생활을 하는 일이 칭법행이다. 결국 '그냥 살라'는 것이다. 주어진 상황에 굴복하지 말고 불교의 가르침과 자신에 대한 믿음을 버리지 말라는 격려다. 특별히 꾸민 말이 아닌 데도 무척 감동적이다.

    달마의 가르침은 맹물과 같았다. 그는 영험이나 기적을 보여준 적이 없다. 기발한 논리와 수사로 법문을 치장하지도 않았다. 간결하면서도 냉엄하다. 가장 소박하고 단출한 논리로 실상에 근접하려 애썼다. 인생은 힘겹고 눈물겹다. 그것은 누구에게나 운명이다. 집으로 돌아가는 길에 산이 있으면 넘어야 하고 물이 있으면 건너야 한다. 한 발 한 발 신중하게 걸어가는 것 외에 묘수는 없다. 물론 아무리 고되어도 가끔씩 웃을 일이 있기 마련이다. 다만 희망과 보람을 즐기되 거기에 매이면 안 된다. 본분을 망각하거나 분수에 넘치는 것을 바라다 신세를 망칠 수 있으니까.

즐거운 일에 지나치게 기뻐하지 말고 괴로운 일에 지나치게 슬퍼하지 말 것. '있다가 사라지는 것'의 절망과 희망을 동시에 볼 것. '없다가 생겨나는 것'의 당혹과 신비를 동시에 볼 것. 살아 있다고 잘된 것 아니고 죽었다고 끝난 것 아님을 알 것.

마음은 샘물과 같다. 반드시 누가 와서 돌을 던지게 되어 있다. 우리의 임무는 기다림. 고통이 끝내 변심해 달아날 때까지 밥 먹고 잠자는 것.

# 3장 활인검
活人劍

## 나의 선은 도둑질이다

나의 선이 무엇과 같으냐고? 남의 집에 들어가 도둑질을 하는 것이다.

我這裏禪似個什麼 如人家會作賊

오조 법연(五祖法演) 《종문무고(宗門武庫)》

도둑의 아들이 어느 날 아버지에게 가업을 이을 방법에 대해 물었다. 도둑은 야밤에 아들을 데리고 동네 부잣집 대문 앞에 섰다. 아들과 함께 몰래 저택 안으로 들어간 도둑은 아들에게 비단옷을 훔쳐오라고 시켰다. 아들이 옷가지가 수납된 궤짝 안으로 들어가자 도둑은 별안간 문을 닫고 자물쇠를 채워버렸다. 심지어 사람들을 모두 깨우기 위해 소리를 지른 뒤 자신은 개구멍을 통해 유유히 빠져나왔다. 제대로 뒤통수를 맞은 아들의 마음은 아버지를 원망하다가 곧 살 궁리로 돌아섰다. 전전긍긍한 끝에 떠오른 묘안은 쥐 흉내를 내는 것이었다. 궤짝 안에서 찍찍거리는 소리가 나자 이를 이상하게 여긴 갑부는, 하녀를 시켜 안을 비춰보게 했다. 궤짝이 열리자마자 아들은 하녀를 밀치고는 냅다 달렸다. 추격전이 시작됐다. 줄행랑을 치던 아들은 길가에서 발견한 우물에 큰 돌을 던져 넣고 다시 혼신의 힘을 다해 내뺐다. 뒤쫓던 식솔들은 물에 빠졌나 싶어 우물 아래를 들여다보느라 피의자를 놓치고 말았다. 마침내 모두를 뿌리치고 안도의 한숨을 짓는 아들에게 아버지가 어슬렁어슬렁 다가왔다. 자신을 곤경에 빠뜨린 까닭에 대해 아들이 따졌지만 아버지는 전연 미안해하는 기색이 없었다. 그저 어떻게 해서 무사히 빠져나올 수 있었느냐고 태연하게 물었다. 아들의 고생담을 들은 도둑은 더욱 점잖을 뺐다. '네가 최선을 다했기 때문에 돌아올 수 있었던 것이야.'

아들은 잡히지 말아야겠다는 일념一念 하나로 위기를 모면할 수 있었다. 모든 감각과 이성, 운동신경이 생존이라는 지고한 명분을 위해 의기투합했다. 선가에서는 스승이 제자의 공부를 채근할 때 '고양이가 쥐 잡듯 하라'는 비유를 자주 든다. 고양이가 쥐를 사냥할 때는 오로지 쥐에만 집중한다. 고양이는 이때 쥐가 된다. 일념으로 파헤치면 깨달을 수 있다는 교훈이다. 쥐를 잡으려면 쥐가 되어야 한다. 타인의 마음을 얻으려면 타인이 되어야 한다. '나'라는 생각은 사실 나를 위해 해줄 수 있는 게 별로 없다.

## 밥을 먹고 해야 할 일

> 소가 산중에 오니 물도 많고 풀도 많은데 소가 산중을 떠나가니 이리저리 부딪힌다.
>
> 牛來山中 水足草足 牛出山去 東觸西觸
>
> 백운 수단(白雲守端) 《오가정종찬》

足족자와 觸촉자의 반복으로 가락이 퍽 구성지다. 족에 국물이 튀면 촉이다. 음운상으로는 미세한 차이지만 의미 사이의 간격은 상당하다. 자족할 때의 족, 접촉할 때의 촉이다. 아무것도 하지 않아도 되는 게 족이라면 무엇이든 해야 하는 게 촉이다. 죽음과 삶의 거리만큼 까마득하다. 얻었다가 잃어버리고, 만났다가 헤어지고… 접촉과 단절의 연속이 인생이다. 곧장 가든 돌아가든 또 다른 봉우리가 기다리고 있게 마련이다. 슬프기 싫어서 등산 따윈 안 한다.

《나비효과》는 인과因果의 불가해성不可解性에 관한 영화다. 시간여행을 할 수 있는 능력을 지닌 주인공은 과거로 돌아가 유년 시절의 상처를 지우려고 한다. 하지만 '원인'을 바꿀수록 한층 끔찍한 '결과'가 벌어진다. '이것'과 '저것' 사이에는 무한히 많은 '그것'이 있으며, 이것을 바꾸면 그것들까지 만화경 속의 영상처럼 이지러짐을 간과한 탓이다. 잦은 시행착오 끝에 모든 괴로움의 발단은 여자 친구라고 판단한 주인공은 어릴 적 그녀와 처음 대면했을 때로 돌아간다. 그리곤 눈물이 찔끔 나도록 욕설을 퍼부어 쫓아버린다. 인연 자체를 차단해버린 것이다. 영화의 감독판은 한결 충격적인 결말을 택했다. 주인공은 아예 출산 직전에 어머니의 뱃속에서 스스로 목숨을 끊는다. 감독이 비상한 염세주의자임을 보여주는 대목이다.

우리는 모두 죽는다. 이리저리 부딪히다 보면 어차피 산중에 이르게 될 일이다. 너무 주저할 것도 서두를 것도 없다. 인연에 집착하는 순간 인연은 악연이 된다. 먹었던 밥을 일부러 게워 내든, 구더기가 슬 때까지 그릇을 방치하든 둘 다 볼만한 악연이다. 밥을 먹었으면, 설거지를 하면 그만이다.

## '은군자'가 '은근짜'로 변한 이유

영천 물에 귀 씻지 말고 수양산 고사리 먹지 마라. 세상 시비에 전연 관계하지 않고 날마다 맑은 물로 밝은 달을 씻겠다.

耳莫洗潁川水 口莫食首陽蕨 世間是非都不管 日與淸流掃明月

태고 보우(太古普愚) 《태고록(太古錄)》

영천 물에 귀를 씻은 사람은 허유(許由)다. 그는 인간 대나무였다. 바르지 않으면 앉지도 먹지도 않았다. 반듯한 성품에 반해 요(堯) 임금이 그에게 왕위를 물려주려 했으나, 허유는 극구 거절했다. 심지어 더러운 말을 들었다 해서 귀를 냇물에 씻었다. 망아지를 끌고 지나가던 소부(巢父)가 귀를 씻는 연유를 물었다. 자초지종을 듣자 소부는 망아지의 고삐를 되잡고 상류로 거슬러 올라갔다. 소중한 가축이 더러운 물을 마시고 식중독에라도 걸릴까 봐서.

고사리는 백이와 숙제 형제가 먹었다. 그들은 역성혁명(易姓革命)을 부정했다. 은나라를 치려는 주나라 무왕을 말렸으나 실패했고 크게 토라졌다. 그들은 주나라에서 나는 곡식은 더러워서 못 먹겠다며 함께 첩첩산중 수양산으로 들어갔다. 거기서 풀뿌리나 캐먹다가 죽었다. 허유와 소부, 백이와 숙제는 세상이 추켜세우는 은군자隱君子의 전형이다.

은군자. 재능과 덕이 있으나 속세와의 타협을 꺼려 홀로 숨어 사는 사람을 가리킨다. 지조를 지키기 위한 몸짓은 파산과 멸족을 부르기도 했다. 물론 만중생의 이익과 안락을 위한 지조였다면 서훈敍勳하고 보상해야 옳다. 반면 제 고집이 관철되지 않아 부리는 생떼라면 눈총이나 떠안기 십상이다.

몸만 숨기는 게 아니라 숨어 있다는 마음조차 숨어 있어야 진정한 대인이다. 그 사내들은 뭐가 그렇게 더러웠을까 싶다. 못난 아들보다 훌륭한 타인에게 왕위를 양도하겠다는 결단이 잘못일 수 없고, 폭군을 내쫓고 성난 민심을 위로하자는 의지가 잘못일 수 없다. 그러나 청빈과 천명이라는 원칙에 눈이 가려 현실의 흐름을 제대로 진단하지 못한 건 아닌지. 무욕에의 집착도 탐욕 버금가게 볼썽사납다. 세간의 시비를 손가락질하며 마음속에 더 큰 시비를 지르는 격이다. 태초부터 하루도 어김없이 흐르고 뜨는 물과 달마저 내일이 미심쩍은데, 백년도 못 가 꺼질 번뇌에 목숨을 걸다니.

'은근짜'는 은군자에서 파생된 낱말이다. 소리가 허물어지면서 의미도 '몰래 몸을 파는 여자' 혹은 '겉은 어수룩하게 보이나 속은 엉큼한 사람'으로 찌그러졌다. 옛사람들의 눈에도 허유의 추종자들이 '은근히 짜증나는' 인간으로 비쳐졌던 모양이다.


## 웃기면서 죽는다는 것

강의 뗏목이 옥빛 물결을 헤치고 횃불을 비춰 금 자물쇠를 연다.
다섯 입이 같이 가는데 구(九)와 십(十)에 분별하는 생각 없다.
江槎分玉浪 管炬開金鎖 五口相共行 九十無彼我

보리달마 《조당집》

천재는 박제되거나 화형당하기 일쑤다. 특정 개인과 집단을 넘어 그 시대 전체와 도무지 코드가 맞지 않기 때문이다. 속설에 달마는 당시 승단을 지배했던 보리유지 삼장과 광통 율사의 질투로 독살 당했다고 전한다. 음식에 상습적으로 독약을 넣은 피의자가 누구냐고 다그치는 제자의 질문에 그는 위와 같이 귀띔했다. 뜬금없는 동문서답 같지만 행간을 살짝 들추면 정체가 드러난다.

강과 뗏목은 각각 흐른다[流]와 버틴다[支]는 뜻을 내포한다. 거기에 삼장三藏과 비슷한 모양의 옥 물결[玉浪]을 보태면, 바로 보리유지 삼장이 된다. 한편 횃불은 빛난다[光]는 뜻이요 연다는 건 통統자의 의미다. '열다… 소통하다… 총괄하다' 쯤으로 연상하다 보면 그럴듯하다. 곧 광통을 빗댔다. 금쇄金鎖는 독약을 가리킨다. 독약도 자물쇠처럼 목숨을 완전히 잠가버리니까. 요컨대 고도의 비유로 암살자를 에둘러 실토하고 있는 것이다. 여기까지는 경건하고 초연한 투의 일반적인 게송과 일견 다른 느낌이다. 입적하면서까지 수수께끼에 사건의 진실을 끼워 넣어야 할 만큼, 미묘한 정치적 역학관계가 있었던 것인지.

흡사 암호와 같은 노래는 나머지 구절의 파자破字에서 괜한 오해를 단칼에 정리한다. 오구吾口는 '나 오吾'자를, 구십九十은 '마칠 졸卒'자를 가른 것이다. '(그들이) 나와 함께 불법을 펴다 시기하는 마음을 내어 싸웠지만, 세상을 하직할 때가 되니 너입네 나입네 따지고 으르렁거릴 필요를 못

느끼겠다'는 여유이자 해학이다. 웃으면서 죽는다는 것, 더 나아가 웃기면서 죽는다는 것. 부러운 내공이다.


## '일부러' 가난하게 사는 일

> 궁색한 부처님 제자 입으로는 가난하다 말하나 몸은 가난할지언정 도는 가난치 않다.
>
> 窮釋子口稱貧 實是身貧道不貧
>
> 영가 현각(永嘉玄覺) 《증도가(證道歌)》

부처님의 유언을 모은 《불유교경佛遺教經》에 보면 인간이 지닌 20가지 어려움에 대해 나온다. 그 가운데 하나가 호귀학도난豪貴學道難. 제자들이 속물이 되는 것을 막고자 부처님이 마지막 남은 기력으로 전한 당부다. '돈이 많고 지위가 높으면 도를 배우기 어렵다'는 뜻이다. 자만하고 집착하기 때문이다. 마음에 한 물건도 없어야 하는 판에 배가 터질 만큼 쌓아두고 있으니, 깨달음이 왔다가도 돌아간다. 끼어들

자리가 없으니까.

그러나 부와 명예가 제발 자기를 잡아먹어주기를 고대하는 사람들이 부지기수인 세태다. 열에 아홉이 개처럼 벌지 못해 안달이 났거나 개처럼이라도 벌라고 강요하는 사회에서, 도는 개나 주는 게 옳다. 그래야 대화에도 낄 수 있고 도태되지 않는다. 그럼에도 기꺼이 가난하게 사는, 가난을 '닦는' 수행자들이 있다면 그들은 바보인가.

물론 결핍을 즐기는 것과 결핍에 억눌린 것은 하늘과 땅 차이다. 빈곤은 죄가 아니지만 그렇다고 복도 아니다. 호귀학도난과 함께 빈궁포시난貧窮布施難, 곧 '가난하면 남에게 베풀 수 없다'는 것도 딱한 일로 명시한 점도 그런 연유다. 관건은 '일부러' 가난하게 사는 일이다. 살림이 커지면 쓰레기도 많아지기 마련이다. 마음도 오염된다. 없으면 없는 대로, 있어도 없이 살 수 있다면 비로소 가난이 평화로울 것이다.

하지만 사방에서 들려오는 볼멘소리에 귀가 따갑다. 더 먹어도 모자라 마당에 왜 마음을 비우며 제 발등에 도끼를 찍느냐고 대든다. 열심히 찍고 있으면서 딴소리다. 한도인閑道人. 무엇이든 소유하는 게 짜증나고 불편하기만 한, 불세출의 귀차니스트. 어디서 밥은 먹고 다닐까.

## 고양이를 이해한다는 것

흰 점박이 고양이는 아무 흔적이 없어서 그저 던져놓기만 해도 사람들이 겁낸다. 뛰고 뒤집고 갖가지로 날뛰는데 냉철히 살펴보니 그것이 곧 화두였다.

五白猫兒無縫罅 等閑抛出令人怕 翻身趒擲百千般 冷地看他成話覇

청량 덕홍(淸涼德洪) 《나호야록(羅湖野錄)》

나쓰메 소세키의 소설 《나는 고양이로소이다》에 등장하는 고양이는 인간을 향해 '쓸데없는 것을 만들어서 스스로 고생하는 존재'라고 조롱했다. 살림이 나아진 만큼 인간을 믿지 못하게 된 것인지, 애완동물을 키우는 사람들이 우후죽순 늘어난다. 적어도 고양이에게만은 '양육한다'가 아니라 '동거한다'는 마음가짐으로 대해야 한다. 속 터져 죽고 싶지 않으면 그게 상책이다. 개는 욕심과 충성심 사이에서 저울질 하는 척이라도 하지만, 고양이는 노골적으로 제 이익에만 반응한다. 먹이를 주지 않으면, 문다. 도둑을 향해 짖기는커녕 몸을 숨기기에 급급하며, 훈련이 불가능한 동물이다.

주인이 집을 비우게 되면 개는 주인을 따라나서려 한다.

반면 고양이는 한 발짝도 움직이지 않는다. 경비원을 자청하는 것이라고 보면 오산이다. 내 집이니까 남아있는 게 당연하다는 거다. 본래 고양이는 터를 중시한다. 새집에 이사를 오면 사흘 밤낮을 여기저기 킁킁거리며 돌아다닌다. 뒤바뀐 환경을 파악하고 안착하기 위한 몸부림이다. 자기만의 공간에 혼자 있기를 좋아하며, 낯선 자의 틈입과 방해를 용납하지 않는 게 본성이다. 하긴 얼굴이 예쁘고 일거수일투족이 고혹적이어서 모든 게 용서된다. 이기적인데도 사랑스러운 동물이다.

영원히 도도할 것만 같은 고양이도 끝내 외로워한다. 일정한 시간 동안 같이 부대끼고 살다 보면 만져달라고 놀아달라고 애원한다. 정情의 힘 아닐까 싶다. 고양이가 쥐를 물어 죽인 후 주인 앞에 갖다놓고 달아나는 행동이, 그악스러운 도발이 아니라 그들만의 애정표현임을 알게 되기까지는 꽤 많은 시간과 인내가 필요하다. 그의 이빨에 묻은 피마저 아름답게 보일 때, 비로소 고양이를 안다고 말할 자격이 있다. 어느 극작가의 말대로 사랑하는 데 이유가 있으면 사랑하는 게 아니다. 특별한 장점 때문에 사랑하는 것이라면 그 장점만을 욕망하는 것뿐이다. 사랑은 늘 맹목이어야 하며 그래서 늘 치명적이다.

조주선사는 '개에겐 불성이 없다'는 주장으로 파란을 일으켰다. '모든 중생은 불성을 갖고 있다'는 부처님의 가르침을 정면으로 배반한 것이다. 과연 개에게 불성이 없는지는 아리송하지만 화두가 될 수 없음은 분명하다. 처음부터 꼬리를 살살 흔들어대니 도무지 인생을 되돌아볼 여지를 남기지 않는 탓이다.


### 벼랑 끝에서 살아남는 방법은 떨어지는 것뿐이다

100척 장대 끝에서 한 걸음 더 나아가야 비로소 시방세계가 자신의 온몸이 되리라.

百尺竿頭須進步 十方世界是全身

장사 경잠(長沙景岑) 《전등록》

《삼사라(saṃsāra : 윤회)》는 결말 부분의 선문답 때문에 지루하고 뻑뻑한 줄거리가 일거에 용서되는 영화다. 수행이란 수행은 다해 본 티베트 승려 타쉬는 우연히 마주친 페마라는 여인에게 한눈에 반한다. 그는 깨달음이란 대박이 좀처럼 터지지 않는 고행에 슬슬 염증을 내는 상태였다. 결국 세속을 경험하지 않으면 세속을 초월할 수 없다는 논리로 환속을 결행한다. 페마와 결혼해 아이까지 낳았으며 이후의 삶은 여느 가장의 그것과 다르지 않다. 쉴 새 없이 생계와 다퉈야 했고 책임감에 자아를 헌납해야 했다.

공空에서도 유有에서도 행복하지 않았던 타쉬는 아내가 한바탕 바가지를 긁고 떠나간 사막에 홀로 남는다. 시청자마저 덥게 만드는 폭염 속에서 그는 자문했다. "어떻게 하면 물 한 방울이 영원히 마르지 않을 수 있을까." 어딘가에서 해답이 날아왔고 그는 피식, 웃었다. 욕망의 끝에서 건진 것은 오르가슴도 절규도 아닌 '농담' 한마디였다. "바다에 던져버리면 되지."

만사를 순리대로 맡기라는 뜻으로 해석된다. 모든 것을 버리면 모든 것이 남는다. 물론 웬만한 현실에선 체험하기 어려운 관념적 수사다. 그러나 인생을 통째로 내놓아야 할 위기에 부딪혔을 때, 지푸라기와 함께 잡으면 유용한 잠언이라는 생각. 철학자 니체Nietzsche Friedrich Willhelm는 '초인超

'이란 몰락을 자청하는 자'라고 말했다. 이왕 갈 것 웃으며 가잔다. 벼랑 끝에서 살아남는 방법은 떨어지는 것뿐이다. 죽이 되든 밥이 되든 그래야 새로운 길을 기대할 수 있다. 불행히도 죽는다면? 뭐, 다음 기회를 노리면 되는 것이고.

## 판을 깨다

> 철마를 거꾸로 타고 수미산에 오르면 일생 동안 남의 뒤나 따라붙지는 않으리.
>
> 倒騎鐵馬上須彌 一生不着隨人後
>
> 현사 사비 《참선경어(參禪警語)》

알베르 카뮈Camus, Albert의 소설 《이방인》에 등장하는 뫼르소는 처음 보는 아랍인을 사살해 철창에 갇힌다. 그는 법정에서 햇볕이 너무 뜨거워 총을 쐈을 뿐이라고 말해 모두의 공분을 샀다. 사지 멀쩡함에도 늙은 어머니를 양로원에 버려뒀으며 장례식 때에도 울지 않았다. 초상을 치른 다음 날

여자친구를 만나 정사를 즐긴 것도 몹쓸 짓으로 책잡혔다. 식민국의 국민이라는 유리한 입장에도 불구하고 결국 사형을 선고받은 결정적인 계기는, 도덕에 대한 그의 무시와 냉소 탓이다. 뫼르소는 사형집행 직전 황천길을 배웅하는 신부에게 속죄도 변명도 하지 않았다. 그는 부조리를 극복할 방법으로 죽음을 택했고, 국가는 부조리를 은폐하기 위해 죽임을 택했다.

    감정은 주관적이라면서도 인간은 감정을 객관적으로 수치화하고 서열화하려는 경향이 있다. 예컨대 나라를 잃은 슬픔 앞에서 애인을 잃은 슬픔이 거드름을 피웠다가는 된서리를 맞기 십상이다. 그러면서 정작 나라를 되찾자고 하면 빨갱이로 몰아세운다. 세상의 문법은 기술적인 만큼 함정이 많다. 이러한 특성에 입각해 희로애락을 그럴듯하게 표현하며, 상황을 밀고 당길 줄 알아야 인격자로 대접받는다. 적당한 겉치레와 거짓말은 자기관리란 명목으로 장려된다. 오래전부터 불의에 적응하는 능력이 성공의 지름길로 자리했다. 물론 인정한다. 그것이 게임의 법칙이니까. 다만 더러운 일을 같이 거들지 않았다는 이유로 욕하고 흠잡는 심보가 역겨울 따름이다.

쇳덩어리를 거꾸로 타고 산에 오른다는 건 지독한 어불성설이다. 불행인지 다행인지 아무도 판에 끼워주지 않을 것이다. 아무도 따라하지 않을 일이고. 그러나 새로운 길은 누군가가 잘못 디딘 발자국에서 시작된다. 곧 얼마나 기대되는 고독이자 자유인가.

## 맨몸으로 살다

한 조각 눈송이 화로에 들어가듯 맨몸으로 칼날과 노니는 듯 오직 살 길만을 찾을 뿐 썩은 물 속에 잠기게는 하지 말라.
片雪入紅爐 赤身遊白刃 只尋活路上 莫敎死水浸

무이 원래(無異元來) 《참선경어》

일본 영화 《감각의 제국》은 요정의 여종업원 사다와 그곳의 사장 키치조의 연애이야기다. 외설 논란 탓에 제작된 지 20여 년이 흐른 뒤에야 국내에서 정식 개봉했다. 장소 불문에 끼니도 거르면서 남녀는 실로 더럽게 사랑을 나눈다. 맹

목적으로 시작된 사랑인 만큼 그들은 어디서 멈춰야 할지를 알지 못했다. 별 짓을 다 해도 성희의 쾌감은 갈수록 식었고 성행위는 점점 격렬해졌다. 일상은 사랑한 크기만큼 파괴됐다. 키치조는 사랑 밖에 모르는 파락호로 전락했고 사다는 사랑을 지킬 돈을 구하기 위해 몸을 팔았다. 급기야 사다는 성교 도중 키치조의 목을 졸라 죽이고 성기를 잘라 갖는다. 그를 영원히 그리고 혼자만 소유하기 위한 발악이었다. 사랑의 뒤에 숨어 부지런히 뛰던 애욕이 제 임무를 다한 순간이다.

 1936년 도쿄에서 실제로 일어났던 살인사건을 각색한 이 영화는 변태들의 참담한 종말이라는 교훈 외에 이런저런 얘깃거리를 남겼다. 지금도 기억나는 건 무장한 황군皇軍을 거리에서 맞닥뜨리자 길을 비켜서며 움찔하던 키치조의 얼굴이다. 때는 중일전쟁 한 해 전이다. 대동아공영을 부르짖는 체제의 완성을 위해, 자유와 인권을 전부 공납해야 하는 무력한 개인의 은유로 읽힌다. 남녀에게 아시아에서 유일하게 출세한 나라의 국민이란 자부심은 남들의 사정이었다. 굳이 신민臣民이 아니어도 서로만 곁에 있으면 행복했으니까. 제국이 안전하지만 불편한 쾌락이었다면 감각은 불안하지만 분명한 쾌락이었다.

일을 낸 뒤 사흘 만에 경찰에 자수한 현실 속의 사다는 평화롭게 웃고 있었다고 한다. 살인으로 사랑을 완성한 셈이다. 완전히 더럽혀지고 망가져야 제대로 살아본 것 같은 실존의 모순성에 새삼 가슴을 매만지게 된다. 하긴 더럽기로 따지면 자궁 속의 양수만한 게 있을까. 본래로 돌아가려면 그만한 대가를 지불해야 한다.


## 사무치지 않으면 아무것도 안 된다

> 차가움이 뼛속을 사무치지 않으면 어찌 매화꽃 향기가 코를 찌를 수 있으랴. 나뭇가지에 매달리는 것 귀한 일 아니니 천길 벼랑에 매달린 손을 놓아야 대장부라 하리.
> 不是一番寒徹骨 爭得梅花撲鼻香 得樹攀枝未足貴 懸崖撒手丈夫兒
> 황벽 희운(黃檗希運)《참선경어》

16세기 일본 전국시대엔 칼을 잘 쓰는 게 능사였다. 왜군은 피를 내주거나 맛보며 익힌 검술과 살기에 힘입어 임진왜란에서 승승장구할 수 있었다. 오다 노부나가, 도요토미 히데요시, 도쿠가와 이에야스는 난세가 배출한 3대 영걸이다. 각자 독특한 리더십으로 천하를 한번씩 잡아봤다.

'두견새가 울지 않으면 죽여버린다.' 막강한 가문에서 태어나 성장한 오다는 눈치와 고민을 배울 필요가 없었다. 승리한 부하에만 관대했고 실수를 용서하지 않았던 전형적인 칼잡이다. 극단적인 신상필벌과 능력지상주의 덕분에 빈농의 아들인 도요토미가 등용될 수 있었다.

'두견새가 울지 않으면 울게 만든다.' 태생적으로 빠져나갈 구멍을 모으는 게 버릇이 된 도요토미는 칼과 꾀를 동시에 썼다. 끊임없이 상대를 달래고 으르며 기어이 목적을 달성했다. 조선 침략 역시 자신에게 위협이 되는 장수들을 나라 밖으로 내몰고, 내심 전사하기를 기대한 고도의 노림수였다.

'두견새가 울지 않으면 울 때까지 기다린다.' 도쿠가와는 수하에 있으면 언젠가는 제 몫을 할 것이란 믿음으로 늘 아끼고 다독였다. 결국 최후의 승자가 됐고 메이지유신까지 200년 간 지속된 에도^도쿄 시대를 열었다. 후대의 일본인들은 오다가 열심히 농사를 지어 수확한 쌀로 도요토미가 정성껏 지은 밥을 도쿠가와가 맛있게 먹은 꼴이라며 세상사 요지경을 논한다. '사람의 일생은 무거운 짐을 짊어지고 먼 길을 걸어가는 것과 같기 때문에 절대로 서두르면 안 된다'는 게 도쿠가와의 지론이었다. 무인답지 않은 비관주의다. 그는 정략 때문에 원수의 아내로 팔려갔다가 끝내 이혼당한 여자의 소생이다. 기다림을 낳은 건 슬픔이다. '내리사랑'은 어긋남이 없다. 한번은 크게 베풀고 만다.

## 숫자놀음

12345

54321

찬 바람이 얼굴을 후려치는데 울타리에 바람 소리 을씨년스럽구나.
一二三四五 五四三二一 寒風劈面來 籬頭吹鴷

이암심(已庵深) 《총림성사》

어느 시인은 자녀가 구구단을 외는 것을 보고 신통해하기는커녕 '무서운 시작'이라고 걱정했다. 사람이 태어나면 'ㄱ ㄴ ㄷ…' 만큼이나 가장 먼저 배우는 게 '1 2 3…'이다. 젖먹이의 방을 떠올리면 문과 벽마다 붙어 있는 한글과 숫자놀이판부터 눈에 든다. 아이는 놀이를 통해 2가 1보다 3이 2보다 크고 많다는 것을 알게 된다. 그리고 서로 목구멍에 풀을 칠하면서 벌이는 부모의 말다툼을 구경하며, 2가 1보다 3이 2보다 좋다는 것을 눈치챈다. 성공한 사람일수록 말도 잘하고 셈에도 밝다. 시인은 자신의 피붙이가 말과 셈의 슬기를 자칫 속이고 빼앗는 기술로 악용하지 않을까 우려했던 것이다.

1에서 10, 10에서 100, 100에서 10000, 10000에서 100000000… 자연수의 세계는 거대하다. 그러나 소수와 무리수, 심지어 허수의 세계에 비하면 은하계의 새끼발가락 끝에 난 티눈에 불과한 태양계 신세다. 1과 2 사이는 무한대다. 삼천대천세계三千大千世界의 화엄이 펼쳐져 있나. 태양계가 1000개 모인 것이 소천세계고 이는 은하계를 가리킨다. 다시 소천세계가 1000개 모인 것이 중천세계, 중천세계가 1000개 모인 것이 대천세계다. 이를 합쳐 삼천대천세계라고 하는 게 불교의 우주관이다. 안 보니까 안 보일 뿐이다. 쓸모도 없고 괜히 골치만 아프니까.

자연수의 질서에 복종하며 사는 인간은 우주적 아름다움을 포기한 대가로 현실적 문명을 얻었다. 자연수로만으로도 산정이 가능한 세상이라면 살기가 이토록 팍팍하진 않았을 것이다. 실수를 넘어 무지막지한 허수의 영역까지 발명할 수 있었던 건 그만큼 인간의 마음이 복잡하고 측정 불가능한 탓은 아닌지. 졸부일수록 불안하다. 그들은 돈과 사람의 본성을 잘 안다. 어느 날 갑자기 자기에게 와락 안긴 것처럼 언제 어떻게 배신하고 달아날지 종잡을 수 없다. 그래서 더욱 비겁해지고 악랄해진다.

스님은 위의 짤막한 법문을 남기고 곧 입적했다. 일 이 삼 사 오… 오리무중의 먹이사슬에서 마침내 해방됐다.

## 고통에서 쉬다

팔십 년 전에는 그대가 나이더니 팔십 년 후에는 내가 그대로구나.
八十年前渠是我 八十年後我是渠

청허 휴정 《선가귀감》

서산대사가 입적을 앞두고 당신의 진영眞影 뒷면에 자필로 남겼다는 글귀다. 걸출한 추상화를 감상할 때와 비슷한 느낌을 선사한다. 무슨 뜻인지는 가물가물하지만 왠지 감동적인 그런 것. '신부와 키스하는 수녀', '백인 아기에게 젖을 먹이는 흑인 엄마' 등 이탈리아 의류업체 베네통의 기이한 이미지 광고도 뇌리에 겹친다. 단순히 '금기를 뛰어넘은 사랑', '인종차별 철폐'의 메시지라고 못 박았다간 여운餘韻의 분노에 손을 찧을 것만 같다. 선사의 독백 역시 호수 위에 띄운 성냥갑.

휴정의 80년 생애는 그야말로 격랑의 세월이었다. 상시적인 '억불 정국'으로 몸을 자주 숨겨야 했다. 명저《선가귀감》이 수록된《삼가귀감三家龜鑑》은 유불도 삼교의 핵심을 추려 저술한 역작이다. 그런데 한 유생이 맨 뒷부분에 유가의 내용이 배치된 것을 괘씸히 여겨 '중이 무슨 유를 논하느냐'며 책을 불태워 없앴다. 조선 최대의 사화士禍인 정여립 역모사건기축옥사 당시, 무고로 의해 옥고를 치르기도 했다. 곧바로 임진왜란. 나라가 자신처럼 표류하는 신세로 전락했으나 보복하지 않았다. 외려 사직을 구했고 그에 대한 공로로 서산에 지던 불교의 수명을 조금이나마 되돌려 놓을 수 있었다.

요컨대 휴정이란 이름과는 전혀 어울리지 않게 정말 바쁘고 고되게 살았던 것이다. 시간과 역사의 폭력에 녹슬어 버린 초상화 속 얼굴이 스스로 서글펐을까. 물론 그랬다면 '팔만대장경이 흰 종이에 불과하다'는 오도송에 어울리지 않는 추태다. 그저 80년 분량의 영화 한 편을 구경한 뒤 집으로 돌아가는 셈 쳤을 것이다. 아팠다 해도 헛것이요 울었다 해도 대본에 충실했을 뿐이다.

## '자아'라는 망상의 유익함

> 너희들, 착각하지 마라. 너를 대신할 사람은 없고 네가 마음을 쓸 곳도 없다.
>
> 諸子莫錯用心 無人替汝 亦無汝用心處
>
> 귀종 지상(歸宗智常) 《전등록》

십 년 전의 나와 오늘의 나는 다르다. 만약 동일하다고 여긴다면 자신의 이름과 기억이 빚어낸 착각일 뿐이다. 오랜 세월 '아무개'라고 불리니까 '아무개'인 줄 아는 것이다. 그래서 아무개라고 적힌 입대 영장을 군말 없이 받아들인다. 과거에 아무개로서 저질렀던 범죄 때문에 평생을 감옥에서 썩어도 별달리 저항하지 않는다. 하긴 아무리 떼를 써봐야 먹혀들 리 없어서겠지만. 여하튼 자아라는 '망상'이 세상의 질서에 어느 정도 기여하는 셈이다.

제행무상諸行無常과 제법무아諸法無我는 불교의 핵심적인 교리다. 모든 존재는 시간이 지나면 변하기 마련이며 서로 기대어 살 수 밖에 없기에 괴롭다는 결론이다. 일견 우울한 진실이지만 사실 그대로 보면 그다지 불쾌할 것도 서러울 것도 없다. 낙엽이 지고 음식이 상한다고 억울해 하는 사람은 없다. 철들어서까지 부모에게 얹혀살아도 넉살 좋게 자위할 수 있는 여지를 남기기도 한다. 다만 이렇게 객관적인 섭리 때문에 자신이 손해를 보게 되면 반드시 딴소리를 하고 곡소리를 한다.

인생이 궁극적으로 고통스러운 이유는 삶의 일시성 때문이다. 모든 것은 지나가면 그만이고 잘못된 선택을 되돌리는 건 불가능하다. 훗날 반성과 노력으로 어느 정도 '땜질'은 되겠지만 상처받기 이전과 해후할 순 없다. 시간은 리셋이 안 된다. 일시성과 함께 지적해야 할 단독성. 상처를 입고 좌절하는 내가 있고 상처를 입히고 후회하는 내가 있다. 끝내, 있다. 피해는 나눌 수 있을지언정 슬픔은 나눌 수 없다. 남의 육체가 나의 통증을 변제해 줄 수 없다. 그러나 비로소 그때, 자신이 지금 이 순간 존재한다는 것은 그 무엇도 대신할 수 없는 절대적이고 우주적인 사건임을 깨닫는다.

## 기꺼이 빼앗기고 기꺼이 짓밟히다

> 허깨비가 허깨비의 고향에 돌아가는구나. 50여 년 온갖 미친 놀이 끝냈으니 세상의 영욕을 모두 마치고 중의 허수아비 껍질 모두 벗고 푸른 하늘에 오른다.
> 幻人來入幻人鄉 五十餘年作戲狂 弄盡人間榮辱事 脫僧傀儡上蒼蒼
> 허응 보우(虛應普雨) 《허응당집(虛應堂集)》

제주 목사 변협이 제주도에 유배돼 있던 보우 스님을 얼마나 잔혹하게 죽였는지에 대해 기록한 책을 읽은 적이 있다. 조선왕조사를 청소년의 눈높이에 걸맞게 가공한 도서였는데, 지은이의 노골적인 반불교적 시각이 무척 인상에 남는다. 그에 따르면 보우는 서슬 퍼런 불교말살정책으로부터 불법승 삼보三寶를 지켜낸 대화상이라는 평가가 무색하게, 극도로 멍청하고 어처구니없이 죽어갔다. 반천 년半千年 전의 끔찍한 사건을 기술하는 저자의 문체는, 저승에 간 가해자들까지 불러와 함께 낄낄거리는 듯한 느낌이었다.

사건의 전말은 이랬다. 쥐도 새도 모르게 스님을 죽이라는 중앙정부의 압력에 시달리던 변협은, 힘센 장사였던 스님을 꼬드겨 열 명의 장정들과 함께 격투기 시합을 벌이자고 제안했다. 장정들은 자기들끼리는 때리는 시늉만 하고 스님에게 날리는 주먹엔 체중을 실었다. 결국 곤죽이 된 스님은 며칠을 못가 피를 토하며 절명했다는 것이다. 순교라고 말하기엔 너무 민망한 객사다. 거대한 유림과의 피 말리는 권력투쟁도 명민하게 견뎌낸 당신이, 이토록 호락호락하게 당했을까 싶다. 보우는 신돈과 함께 요승과 대사의 경계를 넘나드는 문제적 인물이다. 위에 소개한 일화도 역사적 사실인지 블랙코미디인지 분간이 안 되지만 한 가지는 분명하다. 책 속의 그들은 완전히 미쳐 있었다는 것이다.

　스님이 선교양종禪敎兩宗을 부활시키며 불교 중흥을 시도한 지 반년이 못돼, 무려 398건의 탄핵 상소가 날아들었다고 한다. 마이너리티가 정치의 중심에 서는 일 자체가 죄악시되는 건 예나 지금이나 비슷하다. 미친 세상을 살아가는 방법엔 두 가지가 있다. 같이 미치거나, 기꺼이 빼앗기고 기꺼이 짓밟히며 세상과 거꾸로 사는 것. 스님은 후자를 택했다.

## 추울 때는 추위가 되고 더울 때는 더위가 돼라

봄에는 꽃이 피고 가을엔 달이 밝다. 여름엔 시원한 바람 불고 겨울엔 눈 내린다. 마음에 담아두지 않고 한가롭게 지낸다면 이것이 바로 좋은 시절이라네.

春有百花秋有月 夏有涼風冬有雪 若無閑事掛心頭 便是人間好時節
무문 혜개(無門慧開) 《무문관》

무문 스님의 고향은 중국 절강성 항주다. 아열대에 속하는 항주는 사계절의 변화가 뚜렷하다. 무덥고 비가 많이 내리는 여름과 쾌적한 가을이 있어 곡식이 잘 자란다. 먹을 것이 많아 예로부터 상업도시로 번창했다. 서시西施와 같은 미인들이 많이 배출된다. 기암괴석이 연출하는 천혜의 경관 황산黃山도 들쑥날쑥한 날씨를 먹고 자란 것 같다.

인류의 습성은 뛰어봐야 기후의 손바닥 안이다. 덥기만 하면 나태해지고 춥기만 하면 강퍅해진다. 자연의 위세에 눌려 문명의 발달이 더디다. 반면 이른바 선진국이라고 불리는 나라들은 춘하추동의 구분이 분명한 위도를 점유하고 있다. 절망에 빠지려는 순간 추위가 극적으로 풀리고 더위가 돌연 식었을 것이다. 날씨가 꽤 살만해지는 시간이 지속되면, 세계가 만만해보였을 수도 있겠다. 자신의 능력을 믿고 미래를 개척해야겠다는 희망이 싹튼다.

문명은 인간이 빚어낸 생각의 총체다. 에어컨 실외기가 내뿜는 뜨겁고 무례한 배설물에서 보듯, 자연을 약탈한 공간의 크기가 곧 문명의 수준이다. 내가 시원하려면 남이 쪄죽어야 하는 메커니즘.

《벽암록》 43칙은 '역류'의 정신을 이야기하고 있다. '추위와 더위가 닥치면 어떻게 피해야 하느냐'는 질문에 동산양개선사는 '추울 때는 그대가 추위가 되고 더울 때는 그대가 더위가 되라'고 답했다. 수행자들은 세상의 욕망과 정반대의 길을 걸었다. 잘나고 익숙한 것을 혐오하고 못나고 낯선 것에 귀 기울였다. 그것만이 궁극적인 평화를 보장하기 때문이다. 남이 내가 되는 건 지구 전체를 뭉개놓아도 불가능하지만 내가 남이 되는 건 그리 어렵지 않다. 한번만 참고 얘기하자.

## 버리지 않으면 채울 수 없다

> 그대들에게 바라노니 고향엔 가지 말라. 고향에 돌아가면 도인 될 수 없으니 개울가의 늙은 할미가 나의 옛 이름을 부르는구나.
>
> 勸君莫還鄉 還鄉道不成 溪邊老婆子 喚我舊時名
>
> 마조 도일 《오가정종찬》

기억상실증 환자의 가장 큰 고통은 정체성의 혼란이다. 인간은 살아온 기억 덕분에 자기가 자기라는 것을 인식한다. 타인의 얼굴을 구별해내는 일도, 군대에 두 번 불려가지 않을 수 있는 것도 기억에 의존한다. 어느 날 갑자기 뇌에 저장돼 있던 파일이 송두리째 날아간다면, 그래서 누가 누군지 내가 나이긴 한 건지 도통 모르겠다면, 이제는 다 치렀다고 여긴 통과의례를 또다시 요구받는다면, 누구나 울고 싶다. 핏덩어리가 세상에 나오자마자 대성통곡하는 이유와 비슷하다. 빅뱅 이론. 전격적인 대폭발로 우주가 생성됐다는 가설이다. 우주도 처음부터 다시 시작해야 한다는 사실이 입에 거품을 물 만큼 절망스러웠나 보다.

법회에서 큰스님에게 법문을 청할 때, 대중들은 청법가

를 부르며 맞는다. 전 조계종 총무원장 지관 스님은 2006년 정초 봉은사에서 법문을 하며 청법가의 가사 일부가 잘못됐다고 지적한 바 있다. '옛 인연을 이어서 새 인연을 맺도록'이라는 구절이 있는데 본래 '이어서'가 아니라 '잊도록'이라는 것이다. 누가 바꿨든 노랫말의 왜곡은 인간이 지닌 잠재의식의 발현으로 짐작된다. 어제 그랬던 것처럼 오늘도 무사히 보내고 싶은… 생명의 원초적인 안전 욕구 말이다. 거꾸로 생각하면 고승들의 의미심장한 사자후를 귀가 닳도록 들어봐야 인생이 오십보백보인 것도, 이 안일한 관성 때문이다. 버리지 않으면 결코 새로 채울 수 없다. 과거가 문제되는 건 비단 시시껄렁한 연애사만이 아니다.

    기억은 곧 업業이다. 밥 먹고 말하고 생각하고 숨쉬는 행위 일체가 업으로 쌓인다. 삶이 전부 업이다. 일 년 전에도 십 년 전에도 만 년 전에도 쌓였다. 티라노사우루스가 했던 일을 종로 사는 김씨가 똑같이 한다. 만인이 우러러 보는 위인도 그의 어머니에겐 '내 새끼'에 불과하다. 끊지 않으면 영원히 끌려간다. 물론 끊으면 그 자리에서 죽고 말겠지만.

## 등잔 밑이 어둡다는 것

밥 광주리 옆에서 굶어죽은 사람, 강변에서 목말라 죽은 사람.

飯蘿邊坐餓死人 臨河邊渴死人

설봉 의존(雪峰義存) 《전등록》

막이 오르면 칠흑같이 어두운 방이다. 눈먼 소년이 출구를 찾아 주위를 더듬는다. 손에 잡히는 건 빛이 아닌 먼지뿐이다. 망가진 감각에 번번이 배반당하면서도 아이는 탈출을 향한 집념을 꺾지 않는다. 결국 하늘이 도왔는지 우연히 곡괭이가 손끝에 걸린다. 희망에 들떠 열심히 땅을 파고 벽을 부수려 하지만 방은 꿈쩍하지 않는다. 허기지고 지친 소년은 세월만 까먹는다. 머리카락 대신 주름살이 이마를 뒤덮었고, 한때 근육으로 부풀었던 팔뚝은 콧김에도 너덜거렸다. 마침내 늙고 흉측해진 수인(囚人)은 어깨 위로 한껏 들어올린 괭이를 미처 내려찍지 못한 채 절명한다. 잔인한 반전이 시작된다. 한참 동안 무심하게 송장을 비추던 카메라 앵글이 천천히 위로 올라간다. 출구가 있었던 것이다. 까치발로 손을 뻗었다면 충분히 닿았을 만한 높이다. 노력은 털끝

만큼도 보상받지 못했고 하늘이 내린 기회는 오히려 사기였다. 상황은 너무나 야비해서 아름다웠다. 메탈리카의 명반《블랙》에 수록된 〈The Unforgiven〉의 뮤직비디오 내용이다.

헤비메탈 밴드들은 아무 이유 없이 죽네 사네 소리만 지르는 것 같지만 대부분 철학적이다. 연주가 거칠고 외모가 험상궂을수록 존재에 대한 고민이 더 진지하다(?). 방은 세계로 맹인은 자아쯤으로 해석될 수 있겠다. 곡괭이는 문명의 은유다. 세상을 바로 보지 못하면 아무리 유용한 도구를 갖고 있어도 행복에 다가갈 수 없음을, 그들은 시뻘건 목소리로 외치고 있다. 인간이 용서받지 못하는 이유는 죄질이 나빠서가 아니라 용서받는 방법을 모르기 때문이다.

선사들은 '진리는 바로 지금 여기에 있으며 그것을 느낄 줄 아는 당신이 바로 부처'라고 입이 닳도록 말했다. 인간의 구원 불가능성은 일상에서 쉽게 찾을 수 있다. 정작 신神이 찾아와도 신분증부터 내놓으라고 요구할 테니 말이다.

# '아침형 인간'이란 폭력

> 이 게으름뱅이는 게으름뱅이 중에서도 게으름뱅이인데 가장 게으른 일은 선을 말함에 게으른 것이다.
>
> 懶翁懶中 懶最懶 懶說禪
>
> 나암 정수(懶菴鼎需)《오가정종찬》

한때 '아침형 인간'이 떴다. 어느 일본인 의사가 쓴 책이다. 인간은 본래 일출과 동시에 일어나고 일몰과 동시에 잠자리에 드는 생활을 해왔다. 하지만 문명의 발달로 인해 밤에도 깨어 있게 되면서 신체의 리듬이 깨졌다. 이것을 되찾으면 인생의 전성기를 맞이할 수 있다는 주장이다.

수면 시간은 오후 11시에서 오전 5시로 잡을 것, 그리고 의무적인 아침식사와 야근 및 저녁 술자리의 기피가 종용됐다. 아침에 가장 명민한 뇌를 활용해 새로운 것을 배우거나 평소에 하기 어려웠던 일을 하라는 조언도 담겼다. 한마디로 부지런한 사람이 되라는 요지다. 호랑이가 피우는 담배와 함께 출시된 채근담이었지만 해묵은 잔소리를 돈 주고 듣는 기현상이 일어났다. 책은 대박이 났고 덕분에 숱한 직장인과 학생들은 가뜩이나 피곤한 일상에 모래주머니까지 채웠다. 무한경쟁시대엔 시간마저 무기로 사용되기 때문이다.

다들 비슷비슷하게 사는 것 같지만 눈에 보이는 대로 짚은 착각이다. 출생의 배경과 타고난 체질, 가정환경과 학창시절, 자산현황과 원한관계까지 저마다 다르다. 뭐 하나 일치하는 게 없으니 성격도 목표도 제각각이다. 개근상 많이 탔다고 잘 되는 것 아니고 새벽잠 없다고 건강한 것 아니다. 잠을 재촉해 획득한 3시간이나 수면을 미뤄서 얻은 180분이나 그 가치는 대동소이하다. 예술가들에게 잠 못 드는 밤은 잘못된 생활습관이 아니라 상상력이 우글거리는 꿀단지와 같다. 모두에게 올바른 삶 이전에 자기에게 알맞은 삶을 찾는 게 우선이다.

게으를수록 적응에 능숙하다. 자유를 그리워하지 않으니까 자유롭다. 궁극적인 해방은 무관심·무개념·무계획 아닐까. 바람은 절대 몸을 다치지 않는다.

## 그냥 살다, 간다

정 누가 물으면 그 노장 그렇게 살다가 그렇게 갔다고 해라.

서암 홍근(西庵鴻根) 열반송

입적을 앞둔 스님이 부르는 한시 형식의 단가를 열반송$^{涅槃頌}$이라고 한다. 다른 말로는 임종게$^{臨終偈}$. 단 서너 줄의 글에 육체로부터의 후련한 해방과 죽음의 감동을 담아냈다. 열반송도 일종의 유언이다. 속인들의 유언은 대개 장문이고 무미건조한 설명문 투다. 집은 누구 주고 땅은 누구 주고 묘지는 어디에 쓰라는 내용이 큰 줄기다. 유언장에서 수혜자로 거론된 이들에겐 심금을 울리는 명작이겠지만 다수의 제삼자에겐 굴러가는 개똥에 지나지 않는다.

원칙적으로 재산 소유가 불가능하고 주검조차 불에 태워야 하는 스님들에겐 어쩌면 열반송이 유일하게 용납되는 유산인 셈이다. 숨이 넘어가는 찰나의 순간에 자신의 전 인생을 갈무리하는 필생의 역작이기에 저마다 개성적이고 유려하다. 큰스님의 임종 앞에서 제자들은 으레 스승의 위의$^{威儀}$를 증명하고 삶의 지남$^{指南}$으로 삼을 수 있는 마지막 노래를 부탁드린다. 서암 스님은 조계종 종정까지 지낸 분이다. 당신은 제자들의 끈질긴 요청을 끝내 거부했고 마지못해 겨우 남긴 게 위와 같은 대답이다.

고대 그리스의 철인 헤라클레이토스는 '같은 강물에 두 번 발 담글 수 없다'며 존재의 무상성을 갈파했다. 그는 근대의 이성중심주의에 반발해 포스트모더니즘이 대두하기 전까지 철학사의 변방에 쭈그리고 있었다. 그의 저작이란 게 일정한 체계 없이 툭툭 내뱉은 탓도 있다. 근본적으로 불멸의 진리를 원하는 인간의 본능 앞에 그의 거침없는 냉소는 눈엣가시였기 때문이다. 누구나 그렇게 살다가 그렇게 간다. 삶은 규정할 수 없고 평가할 수 없다. 지나가면 그뿐이다. 그렇기 때문에 스스로가 가여워 기록을 남기고 의미를 부여하려 애쓴다. 죽어서까지 남들의 말밥이 되고 싶어 한다. 허공에 솜털이라도 날린다면 허공은 이미 타락한 것이다.

## 죄수와 창녀라는 부처님

일생 동안 남녀의 무리를 속여서 하늘 넘치는 죄업은 수미산을 지나 친다.

生平欺狂男女群 彌天罪業過須彌

퇴옹 성철(退翁性徹) 열반송 부분

스님의 열반송은 많은 사람들의 입에 오르내렸다. 이 정도는 해야 수행이고 이 정도는 말할 줄 알아야 법문임을 보여준 어른의 유언치곤 얼핏 허탈하고 쓸쓸했던 탓이다. 심지어 일부 목사들이 악의적으로 왜곡해 불교를 공격하는 무기로 삼은 적이 있다. 그들은 '불교엔 구원이 없다. 죽을 때가 되서야 그 사실을 안 성철 스님이 그동안 제대로 알지도 못하면서 사람들을 잘못된 길로 이끈 일을 참회하며 뱉은 푸념'이라며 이죽거렸다. 소의 귀에 보청기를 달아준다고 말귀가 트이는 건 아니니 그냥 무시한다. 이런저런 갑론을박 가운데 '그대 자신이 부처이니 공연히 남의 말에 현혹돼 소중한 인생을 그르치지 말라는 충고'라는 주장이 가장 미더워 보인다. 스스로의 발심發心을 재촉한 반어적 표현일 뿐이다. '자기는 항상 행복과 영광에 넘쳐 있습니다. 극락과 천당은 꿈속의 잠꼬대입니다. 자기를 바로 봅시다.' 스님의 평소 지론이다.

당신의 역설逆說은 1986년 부처님 오신 날 법어에서 정점을 찍는다. '교도소에서 살아가는 거룩한 부처님들, 술집에서 웃음 파는 엄숙한 부처님들, 오늘은 당신네의 생일이니 축하합니다.' 죄수와 창녀라는 이른바 밑바닥 인생들을 성자의 반열에 올려 존경을 표하고 있다. 물론 이것은 단순한 말장난이 아니다. 부처님의 가르침을 따르는 제자라면 밥 먹고 물을 찾듯 당연한 언행으로 삼아야 한다. 법과 제도 이전, 마음의 민주화.

당시는 독재정권 타도 열기가 거셌던 시절이다. 시위에 앞장섰던 열혈 청년들 일부는 '혁명에 무임승차하려 하는' 산승들을 비판하곤 했다. 20년이 지난 지금 이들 가운데 상당수가 다른 건 아무래도 상관없으니 오직 내 배를 불려줄 메시아를 찾아 방황한다. 강산은 두 번 변했고, 선지식의 절창絶唱은 잡배들의 잠꼬대에 묻히는 중이다.

## 패배의 힘

높은 멧부리 까마득히 솟았으니 날아가는 학은 멈출 곳을 모르고 신령한 고목 먼 곳에 우뚝하니 봉황새도 기댈 곳 없구나.

峯巒挺異 鶴不停機 靈木沼然 鳳無依倚

동산 양개(洞山良价)《참선경어》

그리스 신화에 등장하는 다이달로스는 당대 최고의 장인이었다. 도끼와 송곳, 자를 발명했고 올림포스의 신들을 최초로 조각했다. 호사다마. 자신보다 뛰어난 솜씨를 지닌 제자를 살해한 그는 사형을 피해 크레타 섬으로 도망쳐야 했다. 크레타의 왕 미노스는 자신의 이익을 위해 죄를 미워하지 않았다. 다이달로스는 미노스 왕의 부름을 받고 유명한 미궁迷宮을 지어 바쳤다. 왕비가 황소와 간통해 낳은 괴물을 가두기 위한 우리이자, 죽어서도 나올 수 없는 요새였다. 임금은 괴물이 난폭해질 때마다 한 무리의 남녀를 먹이로 집어넣어 입을 막았다. 이때 테세우스가 나타나 괴물을 처치하기 위해 혈혈단신 미궁으로 들어갔다. 다이달로스는 영웅에게 첫눈에 반한 공주의 간청으로 그를 돕다가 아들 이

카로스와 함께 미궁에 갇힌다. 하지만 비상한 손재주로 날개를 만들어 밀랍으로 어깨에 붙이고는 탈출을 감행한다.

불행하게도 철부지 아들은 비행이라는 놀라운 경험에 취해 태양에 너무 가까이 다가간 나머지 밀랍이 녹아 추락사했다. 반면 다이달로스는 태양과 적절한 거리를 유지하는 절제의 미덕을 발휘해 다시 한 번 극적으로 살아남는다. 질투심에 사람을 죽인 기억이 끔찍하긴 끔찍했던 모양이다. '혁명적으로' 겸손해진 그는 실수를 반복하지 않았다. 자아에 대한 부정 덕분에 도리어 세상을 이긴 것이다. 경륜의 힘이자 패배의 힘이다.

학이 아무리 고고하다 한들 아무 데서나 밥 먹고 똥 누는 짐승일 따름이다. 봉황 역시 신화에서나 거들먹거릴 뿐 실체조차 없는 풍문이다. 선禪의 경지는 등산 따위로 이를 수 있는 곳이 아니다.

## 늙는다는 건 살아 있다는 가장 확실한 증거

허공도 또한 늙거늘 몸뚱이 어찌 늙지 않겠소.
虛空亦老 色身豈不老乎

만공 월면(滿空月面) 《만공법어》

공기와 같은 존재가 되라는 옛 어르신들의 말씀은 불완전한 교훈이다. 자기를 내세우지 않으면서도 모두에게 꼭 필요한 사람의 비유인 공기는, 오랫동안 군자의 표상으로 군림해 왔다. 공기에서 중점적으로 본받아야 할 물질은 생명의 지속과 직결되는 산소다. 하지만 활성산소의 발견으로 그 위상에 꽤 묵직한 흠집이 생겼다. 호흡기를 통해 들어온 산소는 혈관을 따라 이동하거나 음식물 소화 등 신진대사에 부단하게 관여하면서, 차츰 불안정한 상태로 변한다. 격무에 시달리면 분자조차 스트레스를 받는 셈이다. 지치고 예민해진 활성산소는 신체의 건강한 세포를 공격해 스스로의 안정성을 회복한다. 체내 산소의 5%는 반드시 이렇게 '삐딱선'을 탄다.

인간의 피부는 산소의 침입으로 조금씩 손상된다. 껍질

만 할퀴는 게 아니라 장기와 유전자까지 탈을 낸다. 적잖은 암이 활성산소의 상습적인 괴롭힘을 못 견딘 세포가 제풀에 미쳐버리면서 발병한다. 선조들은 못이 녹슬거나 사과의 색이 변하는 걸 빤히 보면서도 설마 산소가 노화의 주범이라곤 미처 생각하지 못했다. 산소 같은 여자란 광고카피는 어떤 의미에서 저주다.

격렬한 운동이 활성산소의 증가를 부른다. 에너지를 많이 섭취하면 그것을 관리하고 소비하느라 몸이 망가진다. 정력적으로 살수록 명을 재촉하는 격이다. 곧 소식하고 자족하면서 가늘게 살아야 길게 산다. 산소의 이중성은 죽기 위해 산다는 모순이 일상에서 통렬하게 적용된 사례다. 늙는다는 건 살아 있다는 가장 확실한 증거다.

물론 죽음을 늦출 순 있어도 피하는 건 불가능하다. 내가 죽어줘야 또 누가 산다. 천하의 왕후장상이라도 시간이 먹다가 잠깐 남겨둔 사과에 지나지 않는다.

선사들의 공부법
# 공부하지 마라

**1판 1쇄 펴냄** 2009년 11월 10일 **지은이** 장영섭 **펴낸이** 이혜총 **전무** 김계성 **편집부장** 최승천
**기획편집** 박선주, 정영옥 **디자인** 최현규, 남미영 **마케팅** 문성빈, 김미경, 홍경희, 최현호
**회계관리** 차은선 **펴낸곳** 조계종출판사 **북디자인** studio siya **출판등록** 제 300-2007-78호
**등록일자** 2007년 5월 1일 **주소** 서울시 종로구 견지동 13번지 대한불교조계종 전법회관 7층
**전화** 02-733-6390 **팩스** 02-720-6019 **홈페이지** www.jogyebook.com

ⓒ 장영섭, 2009

**ISBN** 978-89-93629-27-903220

책값은 뒤표지에 있습니다.

저작권법에 의하여 보호를 받는 저작물이므로 무단으로 복사, 전재하거나 변형하여 사용할 수 없습니다.